企业管理会计与财务管理现代化发展

李婉丽　雷永欣　闫　莉◎著

CCTP 中国商务出版社
CHINA COMMERCE AND TRADE PRESS

图书在版编目（CIP）数据

企业管理会计与财务管理现代化发展 / 李婉丽，雷永欣，闫莉著. -- 北京 : 中国商务出版社，2021.9
ISBN 978-7-5103-4026-0

Ⅰ. ①企… Ⅱ. ①李… ②雷… ③闫… Ⅲ. ①企业管理—管理会计—研究 Ⅳ. ①F275.2

中国版本图书馆 CIP 数据核字（2021）第 203307 号

企业管理会计与财务管理现代化发展
QIYE GUANLI KUAIJI YU CAIWU GUANLI XIANDAIHUA FAZHAN
李婉丽 雷永欣 闫莉 著

出　　版：中国商务出版社
地　　址：北京市东城区安定门外大街东后巷 28 号　　邮编：100710
责任部门：教育事业部（010-64283818　gmxhksb@163.com）
责任编辑：刘姝辰
总 发 行：中国商务出版社发行部（010-64208388　64515150）
网购零售：中国商务出版社考培部（010-64286917）
网　　址：http://www.cctpress.com
网　　店：https://shop162373850.taobao.com/
邮　　箱：cctp6@cctpress.com
印　　刷：北京四海锦诚印刷技术有限公司
开　　本：787 毫米 ×1092 毫米　1/16
印　　张：11.5　　字　　数：244 千字
版　　次：2022 年 8 月第 1 版　　印　　次：2022 年 8 月第 1 次印刷
书　　号：ISBN 978-7-5103-4026-0
定　　价：56.00 元

前　言

随着我国市场经济的繁荣发展，企业间竞争日益激烈，传统财务会计管理体系已然不足以支撑企业长远健康发展目标。管理会计在企业经营管理与发展过程中扮演着越来越重要的角色，许多企业将管理会计与财务会计相融合，取长补短，融合两者优势，不仅能够提升企业财务管理工作质量与效率，而且能够有效改善企业内部管理工作效率，加强内部风险防范。新时期管理会计与财务会计融合发展成为现代企业提升经济效益目标的重要途径。

本书对企业管理会计进行了概述，涵盖企业管理会计的概念及研究方法、现代企业管理会计的发展、企业管理会计的基础理论；阐述了企业管理会计理论，包括作业成本管理会计、环境管理会计、行为管理会计、企业运营流程管理会计、战略绩效评价管理会计、激励与报酬管理会计；诠释了管理会计与信息化，涉及信息化时代对管理会计的影响、管理会计信息化的特征与发展现状、财务管理信息化与财务共享以及财务共享服务模式下管理会计信息化的优化策略；对财务管理进行了概述，阐述了多维度的财务管理理论；诠释了企业管理会计与财务会计的融合；对企业管理会计与财务管理融合的多元化实践进行了探索。

本书根据管理会计与财务管理的特点，将理论与应用技能紧密结合起来，以突出不同技法的适用性。全书内容翔实、丰富，具有较强的理论性、实践性和指导性。本书可为财务管理工作人员提供有价值的参考与借鉴。

笔者在撰写本书的过程中，得到了许多专家学者的帮助和指导，在此表示诚挚的谢意。由于笔者水平有限，加之时间仓促，书中所涉及的内容难免有疏漏之处，希望各位读者多提宝贵意见，以便笔者进一步修改，使之更加完善。

目　录

第一章 绪 论

第一节 企业管理会计的概念及研究方法

一、企业管理会计的概念

对于什么是管理会计，国内外会计学界众说纷纭。有的人认为管理会计就是预测、决策会计，有的人则认为管理会计是为企业内部管理提供决策信息的内部会计。

（一）国外会计学界对管理会计的定义

国外会计学界对管理会计的定义先后经历了如下两个阶段：

1. 狭义管理会计阶段

20 世纪 20—70 年代，国外会计学界一直从狭义上定义管理会计，认为管理会计只是为企业内部管理者提供计划与控制所需信息的内部会计。

1958 年，美国会计学会管理会计委员会对管理会计做了如下定义：管理会计就是运用适当的技术和概念，处理企业历史的和计划的经济信息，以有助于管理人员制订合理的、能够实现经营目标的计划，以及为达到各项目标所进行的决策。管理会计包含进行有效计划的制订、替代方案的选择、对业绩的评价以及控制等所必需的各种方法和概念。另外，管理会计研究还包括经营管理者根据特殊调查取得的信息以及与决策的日常工作有关的会计信息的收集、综合、分析和报告的方法。

1966 年，美国会计学会的《基本会计理论》认为：所谓管理会计，就是运用适当的技术和概念，对经济主体的实际经济数据和预计经济数据进行处理，以帮助管理人员制定合理的经济目标，并为实现该目标而进行合理决策。

1982 年，美国学者罗伯特在《现代管理会计》一书中对管理会计做了如下定义：管理会计是一种收集、分类、总结、分析和报告信息的系统，它有助于管理者进行决策和控制。

综合上述定义，狭义管理会计的核心内容为：（1）管理会计以企业为主体展开其管理活动；（2）管理会计是为企业管理者的管理目标服务的；（3）管理会计是一个信息系统。

2. 广义管理会计阶段

进入20世纪70年代，国外会计学界对管理会计的定义出现了新的变化，管理会计的外延开始扩大，出现了广义的管理会计概念。

1986年，全美会计师协会管理会计实务委员会对管理会计的基本定义如下：管理会计是向管理者提供企业内部计划、评价、控制以及确保企业资源的合理使用和经管责任的履行所需财务信息，确认、计量、归集、分析、编报、解释和传递的过程。管理会计还包括编制供诸如股东、债权人、规章制定机构及税务当局等非管理集团使用的财务报表。在上述定义中，财务信息从广义上说，包括用于解释实际和计划的商业活动、经济环境以及资产和负债的估价的因果关系所必需的货币性和非货币性信息。

1982年，英国成本与管理会计师协会修订后的管理会计定义，把管理会计的范围进一步扩大到除审计以外的会计的各个组成部分。按照英国成本与管理会计师协会的解释，管理会计是对管理者提供所需信息的那一部分会计的工作，使管理者得以：（1）制定方针政策；（2）对企业的各项活动进行计划和控制；（3）保护财产的安全；（4）向企业外部人员（股东等）反映财务状况；（5）向职工反映财务状况；（6）对各个行动的备选方案作出决策。

综合上述定义，广义管理会计的核心内容是：①管理会计以企业为主体展开其管理活动；②管理会计既为企业管理者的管理目标服务，同时也为股东、债权人、规章制度制定机构及税务当局等非管理集团服务；③管理会计作为一个信息系统，它所提供的财务信息包括解释实际和计划所必需的货币性和非货币性信息；④从内容上看，管理会计既包括财务会计，又包括成本会计和财务管理。

（二）国内学者对管理会计的定义

在国内，对什么是管理会计也存在不同的观点。

汪家佑教授认为："管理会计是西方企业为了加强内部经营管理，实现最大利润的目的，灵活运用多种多样的方式方法，收集、加工和阐明管理当局合理地计划和有效地控制经济过程所需要的信息，围绕成本、利润、资本三个中心，分析过去、控制现在、规划未来的一个会计分支。"①

李天民教授认为："管理会计主要是通过一系列专门方法，利用财务会计提供的资料及其他有关资料，进行整理、计算、对比和分析，使企业各级管理人员能据以对日常发生

① 汪家佑. 管理会计［M］. 北京：经济科学出版社，1987：1.

的一切经济活动进行规划与控制，并帮助企业领导作各种决策的一整套信息处理系统。"①

温坤教授认为："管理会计是企业会计的一个分支。它运用一系列专门的方式方法，收集、分类、汇总、分析和报告各种经济信息，借以进行预测和决策，制订计划，对经营业务进行控制，并对业绩进行评价，以保证企业改善经营管理，提高经济效益。"②

可见，我国学者通常是从狭义上定义管理会计的。

国内外学者对管理会计的各种定义虽有差异，但是又有许多共同的地方，这些论述对于理解和研究管理会计是十分重要的。

（三）本书对管理会计的定义

2014 年 10 月 27 日，中华人民共和国财政部印发的《关于全面推进管理会计体系建设的指导意见》认为：管理会计是会计的重要分支，主要服务于单位（包括企业和行政事业单位）内部管理需要，是通过利用相关信息，有机融合财务与业务活动，在单位规划、决策、控制和评价等方面发挥重要作用的管理活动。这一定义从广义上展开了对管理会计本质和应用的研究。

本书认为：管理会计是以使用价值管理为基础的价值管理活动，它运用一系列专门的方式方法，通过确认、计量、归集、分析、编制与解释、传递等一系列工作，为规划、决策、控制和评价提供信息，并参与企业经营管理。

正确研究和理解管理会计应注意以下四点：

第一，从属性看，管理会计属于管理学中会计学科的边缘学科，是以提高经济效益为最终目的的会计信息处理系统。

第二，从范围看，管理会计主要为企业管理当局的管理目标服务，同时也为股东、债权人、规章制度制定机构及国家行政机构（如税务当局）等非管理集团服务。也就是说，其管理应用的范围并不局限于企业，有扩大应用范围的倾向。

第三，从对象看，管理会计是以使用价值管理为基础进行的价值管理活动，因而应关注物流、资金流、信息流，进行价值最大化管理。

第四，从方法看，管理会计要运用一系列专门的方法，通过确认、计量、归集、分析、编制与解释、传递等一系列工作，为规划、决策、控制和评价提供信息，并参与企业经营管理。

---

① 李天民. 管理会计学［M］. 北京：中央广播电视大学出版社，1984：13.

② 温坤. 管理会计学［M］. 北京：中国人民大学出版社，1989：13.

二、企业管理会计的研究方法

本书从方法论的角度讨论管理会计的研究方法，以期对研究方法有一个总括的认识。

（一）管理会计研究方法论的特征

好的工具和方法是人们高效率完成一项工作的重要条件，管理会计研究也不例外。在很大程度上，目前中国管理会计研究与国际学术界的差距是管理会计研究方法的差异。管理会计是现代管理学与现代会计学的有机融合，管理会计研究方法包括管理科学所特有的专门性方法。

对管理会计研究方法的基本特征归纳如下：

1. 系统科学方法是管理会计研究的一般方法。系统是由相互作用和相互依赖的若干组成要素结合成的具有特定功能的有序整体。系统方法就是运用系统原理考察系统整体与部分、系统与环境、结构与功能等相互联系和相互作用的关系，以揭示其本质与规律的方法。系统科学方法作为以系统为主要研究对象的现代科学方法论的总称，主要包括系统论、控制论、信息论、耗散结构论、突变论和协同论等几大分支。由于管理会计本身就是企业组织管理信息系统的一个子系统，具有系统的一般属性，如整体性、有序性、动态性、相关性、开放性和反馈性等。管理会计的系统性决定了系统科学的研究方法可以作为研究管理会计问题的基本方法。

2. 模型模拟方法在管理会计研究中的广泛运用。模型的作用在于利用它可以加深对事物本质的理解。模型化实际上是一种实验方法，由于管理会计研究对象，特别是社会系统和人理系统①所具有的复杂性、不可逆性以及社会价值观的影响，使得管理会计研究注重模型和模拟方法，如数学模拟和计算机模拟，力求对所研究的现象进行准确的描述，以便认清事物的规律，进而在正确描述的基础上进行严谨的推导，得到需要的结果。

3. 以人为中心的行为科学研究成为管理会计研究的中心。数学和定量分析在管理会计研究广泛运用的同时，在处理社会系统的过程中，由于社会组织和集团的不同利益和要求、社会发展不确定性因素等，单凭定量分析和逻辑推理无法得出合理的结论。管理会计

---

① 从系统论的角度看，整个人类社会可分为物理系统、事理系统和人理系统。物理系统指宇宙万物组成的自然系统和经过人类干预形成后的物质系统，如自然环境、城市、工厂等有形的系统。事理系统指人类在物理系统的基础上从事社会、经济、政治、军事、科技等活动所形成的关系和活动机理系统。人理系统指在物理系统和事理系统中活动的人的动机、心理和行为系统。研究物理系统是探讨自然规律；研究事理系统是探讨人类活动和处事的规律；研究人理系统是探讨人的行为规律。管理会计研究是在充分利用物理系统的规律以及其他学科对事理系统和人理系统研究结果的基础上，从企业组织内部管理决策对信息需求的角度探讨事理系统和人理系统的规律以及三个系统综合运行的组织与控制问题。

研究必须充分考虑人的因素，并由个人行为因素转向群体乃至组织的行为因素。个人或组织的行为涉及心理学、组织行为学、人类文化学和社会学等学科。因此，管理会计研究也要借鉴、吸收组织行为学、心理学、社会学和人类文化学方法的相关成果。

4. 注重经验研究和跨学科研究。由于管理会计主要为一个企业组织提供内部决策和经营活动的信息，因此，管理会计研究存在的一个最大的困难就是难以获得研究所需要的数据资料。这决定了管理会计研究需要大量深入细致的调查、考察、访问与科学的实验设计，以获得反映管理实践的信息资料并加以科学的分析，需要充分运用实地/案例研究、调查研究和实验研究方法。同时，管理会计的学科交叉性和综合性又要求进行跨学科研究，比如与组织行为学结合进行的行为管理会计研究。

（二）中国管理会计研究方法范式

严格地说，经验—规范—经验研究范式不是一种具体的研究方法。实际上，这种方法是一种由多种方法构成的方法集合，或者说是在一种科学研究纲领的指导下，将各种可选用的方法加以综合而成的，具有一般意义的研究范式。

经验—规范—经验研究范式，包括两个认识过程和三个研究阶段。两个认识过程即从感性到理性认识的发现认识过程和从理性到感性的实践认识过程。三个研究阶段包括：

1. 第一次经验研究。这主要是从经验管理会计研究归纳、总结和发现管理会计假说的描述性研究和探索性过程。

2. 中间的规范研究。这主要是把第一阶段的经验研究归纳形成的管理会计假说上升为新的理论。因为假说还只是一种试探性的假说，一种对管理会计实践的或然性认识。这种认识还不完全具有理论的严密性。而通过第二阶段的规范逻辑推理，就可能形成一种解释现象的新理论。

3. 第二次经验研究。这次经验研究的主要目的是对第二阶段形成的新的理论进行经验数据的实证检验。例如，实地/案例研究既有发现理论的作用，又有验证理论的作用，而且实地/案例研究具有对某一实地、某一组织全面、系统的观察和调查的特征，它可以收集到比较充分的经验证据，它解决了现行管理会计实践的“怎么样”（How）和“为什么”（Why）的认识问题。但实地/案例研究可能不够严谨，样本只是一个或几个使其结论难以推广，以及证据太多、花太长时间和成本太高的缺陷。而调查研究则可以进行大样本的横截面研究，实验研究可以简化影响因素和环境、控制变量，从而使研究更为严谨。由此，管理会计的经验研究应以实地/案例研究为主，同时结合采用调查研究和实验研究等其他管理会计经验研究方法。

三、企业管理会计的经验研究

（一）管理会计的经验研究综述

现代会计研究方法主要有三种：1. 分析性研究。这需要有很好的理论经济学功底。在管理会计研究的历史上，20世纪50年代到80年代曾经比较多地采用这种方法；2. 实证研究。这需要有良好的计量经济学基础；3. 经验研究（主要包括实地研究、调查研究和实验研究）。这种方法进入障碍不大，但做好很不容易。因为这需要研究者对热点问题具有较强的敏感性，并与实务界建立良好关系，解决进入实地和收集数据资料的困难。在西方学术界存在“Positive”和“Empirical”两个术语。中国学术界经常把两者都译为“实证”，或者把前者译为“实证”，后者译为“经验”。英文“Positive”的含义是“有事实根据的”“确实的”“无可怀疑的”。“Positive”是与“Normative”（规范）相对应的概念。“Positive Research”是不包含任何价值判断的、客观的、解决“是什么、怎么样”问题的研究，它是基于客观的观测和实验的研究方法。“规范研究”（Normative Research）则主要基于主观的认知和推理。英文“Empirical”的含义是“以经验或观察为依据的”“来自经验或观察的”。“Empirical”是与“Theoretical”（理论的）相对应的概念。“Empirical Research”是一种以经验或观察为基础的研究，它与纯理论推导，也称为分析性研究相对应。在诸如人类学、社会学研究领域里，经验研究方法是广泛运用的方法。经验研究方法以研究者自己的经验或研究者观察到的经验以及别人观察到的经验事实（如档案数据资料）为依据，对经验事实进行理论归纳，或用观察到的经验事实证据来验证已有的理论。经济学在古典经济学形成以前，也大都采用经验式的理论归纳方法。

目前，学术界对经验研究（Empirical Research）与实证研究（Positive Research）的关系存在三种不同的观点：

第一种观点认为，经验研究与实证研究没有什么区别，两者含义相同，都是以经验事实说话，研究和论证过程基本相同，可以相互混用。西方学术界基本上持有这种观点。

第二种观点认为，实证研究包含经验研究，而经验研究就是验证性研究。理论对事物或问题提出解释，但该解释能否成立取决于能否通过检验。也就是说，经验性或验证性研究的作用在于核实和检验理论，即给出“是”或“否”的判断，因此，实证研究可以涵盖经验研究。

第三种观点认为，经验研究包括实证研究，或者说，广义的实证研究等同于实验研究，它包括实验室实验研究、实地实验研究、实地/案例研究、调查研究和档案研究（Archival Research）。而狭义的实证研究仅仅指档案研究（目前资本市场实证研究都是根据资本市场档案数据库的数据，因此均属于此类)。张朝宓和苏文兵（2001）认为，要从研究过程来判断方法属性，即从研究的问题如何得到回答的过程来定义研究方法，而不是从回答研究结果“是什么”来判别是不是实证研究①。他们认为实证研究的研究过程特征是必须具有以“假设—数据—检验”为关键性环节的研究过程。也就是说，凡是具有以上研究过程特征的就是实证研究，否则，就不是实证研究。而经验研究是指一切以经验事实为依据而进行的研究，它既包括具有规范的实证研究过程的实证研究，也包括不具有规范实证研究过程特征的其他以事实材料说话的经验研究，如广泛运用于人类学、社会学、管理学等社会科学的描述性、探索性的实地/案例研究等。

从狭义角度看，本书同意上述第三种观点。因为实证研究重在“证”，即论证过程，也就是“假设—数据—检验”的关键环节。而经验研究则更强调研究的数据资料来源，研究证据的取得来自经验或观察。(当然，这并不是说实证研究的数据来源就不重要，实证研究的数据也来源于实际，实证研究是经验研究的一部分。）这些研究证据可以是档案的(Archival)，如上市公司数据库等，也可以通过实验（Experimentation）取得，或通过调查(Survey）或实地/案例（Field & Case）调查取得。大部分经验研究遵循了实证研究的规范过程，因而，也就是实证研究。但也有一部分经验研究，如在有些调查研究和实地/案例研究中，预先是没有什么假设的，而只是去弄清现在的实践是什么，实际情况如何，现有的管理实践的规律性东西是什么，而这大多是一种描述性或探索性的研究。它们也有自己的规范过程，但不是先有假设，然后再去收集资料数据进行检验。它们的过程往往是带着一个或几个问题进行研究设计，然后科学地挑选样本，进行样本调查（问卷或实地)，收集证据，根据证据描述现象得出初步理论假设。这种严肃认真的研究也很有意义。因为这类研究为产生好的理论假设做好了前期性准备，对进一步的实证研究会产生有意义的启发。综上所述，作者认为，管理会计的经验研究是以对管理会计实践的经验观察为基础的研究，根据经验数据资料的来源不同可分为以档案数据为基础的经验研究、实地/案例研究、调查研究和实验研究。管理会计实证研究是管理会计经验研究的一个主要部分，也是管理会计经验研究符合实证规范过程的研究。

（二）管理会计经验研究的规范

1. 管理会计问题的来源

管理会计学科的务实性使得管理会计研究要以解决现实或实际管理问题为核心，因而，有必要把管理会计研究的问题作为管理会计研究的起点。管理会计研究问题的产生，

---

① 张朝宓，苏文兵. 会计研究实验方法［J］. 会计研究，2001（03）：43-45.

不同的研究者可能有各种各样的来源，主要来源包括三个方面：(1) 来自现有的管理会计及其研究文献。对现有文献进行研读和综述可以产生对已经研究过相当长一段时间的主题产生新的观点；(2) 与管理会计相关的其他领域现存的文献，比如经济学、管理学、历史学、组织行为学、心理学以及工程技术等领域的文献。这些相关学科领域的进展可以为管理会计新思想的产生提供源泉；(3) 管理实务界，管理会计信息使用者方面。管理实务界对管理会计信息需求的变化将会产生管理会计研究的新课题。

2. 管理会计理论框架构建与假设的形成

在明确了所要研究的管理会计问题之后，需要建立一个管理会计研究的理论框架，以概念模型的方式描述与问题有关的因素之间的关系及其影响。

(1) 构建概念。管理科学的构建概念，其内涵外延往往并不清楚，必须首先明确地定义所有的构建概念，然后才能开始进行研究。

(2) 构建概念间关系的描述。以陈述的形式对构建概念之间的关系进行描述，构成理论的核心。

(3) 形成假设。在对构建概念间关系陈述的基础上，以演绎等方式引申出假设。假设包括两个层次：①理论上对构建概念间关系的假设；②对构建概念与用来度量这些构建概念的可观测变量之间关系的假设。通常只指假设的第一层含义，而将后者归为构建概念的度量或操作化问题。

(4) 概念的操作化，也就是制定度量特定概念的具体度量尺度及其实施的具体步骤和做法，并由此推出对与有关构建概念相联系的变量间关系的预见。

3. 管理会计经验研究内容

在形成管理会计研究的理论框架并提出具体假设后，需要对研究方案进行详细设计。其间涉及一系列方案选择的决策，其主要内容包括：

(1) 确定研究目的：为了探索、描述还是解释？

(2) 调查关系的类型：为了建立因果关系、相关关系或只是描述差异？

(3) 研究的时间尺度和环境：横截面研究还是纵向研究？研究的场合是人造环境还是现场？

(4) 分析单位（研究对象总体）的确定：在对社会对象研究中，分析单位是个人、群体、组织还是社会产品？

(5) 研究者对研究对象干预和控制程度的确定。

(6) 概念度量方案的详细设计。

(7) 抽样方案设计：采用概率抽样还是非概率抽样？样本大小的确定等。

(8) 数据收集方法：对观察、实验、访谈、问卷调查、实地/案例研究等数据收集方法的选择和设计。

(9) 数据分析方法的选择：确定数据分析拟采用的方法和形式。

(10) 研究结论及拟推广运用的范围。

4. 数据收集与分析

根据管理会计研究的设计方案，实际进行方案的实施。按照拟定的方法收集必要的数据，并进行编码和数据分析，得出研究结论。

5. 解释理论和理论的改进及运用

对管理会计研究进行总结，确定研究问题是否得到解决，假设是否得到验证，对理论可能进行的必要修改与补充，新理论的产生，进一步研究的方向和设想，研究结果的推广运用等。

需要说明的是，管理会计研究各阶段的划分并不是绝对的，各阶段之间存在着反馈和重复。管理会计研究过程也不是线性的，由于管理会计研究后期经常会发现新问题，引起新的研究兴趣和方向，因而研究活动成为一个环状系统。然而，并不是所有的管理会计研究活动都具有这些阶段，有些具体管理会计研究项目可能只属于这些阶段的某一阶段，可以把这些研究活动视为更为广义的管理会计科学研究项目的一部分。这并不妨碍对管理会计科学研究活动的一般描述。

6. 管理会计经验研究的评价标准

在社会科学研究中，有效性和可靠性是广为接受的评价研究的指标。这种评价与其说是对方法本身的优劣进行评价，不如说是对研究方法选择与运用是否适当进行评价。管理会计经验研究范围十分广泛，其中一部分研究领域属于社会科学研究，如组织和行为科学，因而社会科学的评价准则完全适用于这些领域的研究。对于管理会计学科具有自然科学性质的研究（如投资项目可行性评价、作业成本管理会计的实施均与具体工程技术学科相关)，这些评价准则也具有方法论意义上的指导与借鉴作用。

管理会计理论是管理会计学科构成的基础，有关的管理会计方法和管理会计的运用也与管理会计理论紧密相连。如前所述，管理会计理论都是由相关的管理会计概念、概念间关系的描述组成，并有其特定的理论背景和运用范围。因此，对管理会计理论的评价以至对管理会计研究的评价，就可以集中于对有关管理会计研究概念及概念间关系的研究评价上，并同时考察管理会计理论的背景和运用范围。这些正是对管理会计研究进行评价的有效性理论的主要内容。

可靠性是一致性的函数，可靠性也称信度，它的意思是说某个研究者做了某项研究得出某个结论，让另外一个研究者也在同样情景和条件下做同样的研究看能否得出同样的结论。如果能得出相同的结论，则这项研究的信度高，否则，信度低。有效性是每次射击射中靶心的函数，它有些相当于会计学的相关性。值得注意的是，有效性通常是一个度的问题，而不是“非有即无”的问题。在研究过程中，使研究有效是一个不断进行的过程。新的证据可能会引起现有研究方法的修正，或开发出一种新的方法来满足研究的要求。研究就是在这种方法的修正与开发过程中逐步完善，并获得更高的有效性的。

（三）管理会计经验研究在中国的意义

中国正处在一个体制转轨和社会转型的过程中，中国的政治、法律、经济、文化环境与西方国家存在许多差异。因此，西方国家多年积累下来的管理会计研究的成果通常不完全适合中国国情。中国经济的特性造成可用的管理知识极度稀缺，且甚于其他发展中国家。由于我们无法借用西方国家已有的研究成果作为起点，因此，对社会经济现象的认识就更加重要。这就是在一个从零点做起的研究环境下，经验研究尤其是实地研究具有的重要性的根源。人类学、社会学也有过这样的发展经历，如今这些学科已经基本成熟，已逐渐脱离了实地研究，进入了实证研究领域，而且已经有大量在成熟科学做研究的学者如经济学家介入，展开了丰富多彩的学科交叉研究。

在中国，如果没有仔细深入的实地调查研究，大样本的实证研究将显得空洞及虚假。尤其是中国目前的公司治理状况还很不理想，企业提供虚假信息的动机还大量存在，市场严重不规范。在这种环境下，对管理会计来说，做经验研究更具有必要性和重要价值。因为管理会计主要提供企业组织内部管理决策所需要的信息。不同的企业组织对管理会计信息的需求不同，同一个企业组织在其不同发展阶段对信息的需求也不同。不同的公司治理状况、不同的组织构架、不同的企业主管都会影响管理会计信息的需求及其生成和传导机制，影响管理会计信息的效用。管理会计理论研究者如果不去企业，不与企业管理层和员工聊，怎么知道他们需要什么样的管理会计信息？哪些管理会计理论与方法对其管理决策有用，对改善企业的绩效有用？管理会计经验研究既是时代的需求，也是管理会计实践的需要，同时既是完善和发展管理会计理论与方法的有效途径，也是训练和培养管理会计研究者的有效方法。因此，经验研究是中国管理会计研究走向世界的必由之路。

第二节　现代企业管理会计的发展

管理会计的历史证明，管理会计的形成和发展受社会实践及经济理论的双重影响：一方面，社会经济的发展要求加强企业管理；另一方面，经济理论的形成又使这种要求得以实现。管理会计在其形成和发展的各个阶段，无不体现这两方面的影响。

一、以成本控制为基本特征的管理会计阶段

（一）社会经济发展的特征

19 世纪的英国工业革命促使企业生产规模迅速扩大，合伙经营、股份公司等企业组织形式相继出现，企业的所有者逐渐将企业经营权委托给专门的管理阶层。为适应所有权与经营权的分离，满足各有关方面（如股东、债权人、经营者等）对公司财务状况和经营成果的关心，需要编制会计报表，于是形成了从填制和审核凭证、登记账簿到编制会计报表的近代会计。

20 世纪初，随着社会化大生产程度的提高，生产规模的日益扩大，竞争开始激烈起来，所有者和经营者都意识到，企业的生存和发展并不仅仅取决于产量的增长，更重要的是取决于成本的高低。也就是说，企业利润的多少在收入已定的情况下，取决于成本的高低。因此，为在激烈的市场竞争中战胜对手，必须要求企业加强内部管理，提高生产效率，以降低成本、费用，获取最大限度的利润。

（二）经济理论的发展

适应该阶段社会经济发展的客观要求，经济理论有了很大的发展，其中，古典组织理论对管理会计形成的影响最大。

1. 官僚学派。官僚学派是德国社会学家韦伯于 20 世纪初创立的，强调的是一个正式的、机械性的组织结构，由组织中的统治集团实行控制。这种控制的实现要通过四个方面：（1）劳动分工；（2）规范化的权力体制；（3）经营过程的规划与标准；（4）工作责任的详细说明。韦伯从正式的和技术的观点，将官僚体制描述为管理复杂组织所不可缺少的一种形式。

2. 科学管理学派。科学管理学派由泰勒创立，该理论旨在解决如何提高生产和工作效率，并认为对完成每项工作来说总存在一种“最佳途径”，管理的职责在于为工作提供明确的指导，选拔最适合该项工作的工人来完成该项工作，并用最有效的方法对这些工人进行培训。同时，假设工人只受经济奖励的激励，即如果工人生产的产品产量达到最大化、最有效率，那么就会得到最多的报酬。

为了提高生产和工作效率，泰勒在诸如时间研究、动作研究等科学试验的基础上，制定出在一定客观条件下认为可以实现并且最有效率的标准操作方法，并以此方法训练全体工人，从而制定出较高的标准。标准制定后，要求严格遵照执行，不允许浪费的存在。为了使工人完成较高的标准，除了使工人掌握标准的操作方法外，还对工人使用的工具、机

械、材料以及作业环境加以标准化。

3. 行政管理学派。行政管理学派的重点不是经营水平的最大效率问题，而是注重组织内较高一级的管理问题。20世纪20年代，法约尔发展了一系列管理原则，强调劳动分工、个人权责的明确划分、命令与纪律、集权以及个人的首创精神与集体团结精神。随后，到20世纪60年代，该学派又进一步发展，包括金字塔组织结构学说、管理控制跨度的限制、平行协调与工人参与，以及权力的上下分派以保证下属人员愿意接受管理权威，等等。斯隆将协调分权的概念加以公式化，说明经营活动的分权化与政策决策的集权化是组织管理的一种极为有效的手段。

古典学派最大的缺陷在于其侧重点放在“没有人的组织”上，强调的是“机器模型”，而完全忽视了人的因素。但同时，他们也认为完成任何一件工作都有一种最佳途径，并以此引出一系列管理原则。该学派的优点在于强调了正式结构的重要性，这为该理论的发展奠定了一定的基础。

（三）管理会计的形成

古典组织理论特别是科学管理理论的出现促使现代会计分化为财务会计和管理会计，现代会计的管理职能得以表现出来。该阶段，管理会计以成本控制为基本特征，以提高企业的生产效率和工作效率为目的，其主要内容包括以下几个方面：

1. 标准成本。标准成本是指按照科学的方法制定在一定客观条件下能够实现的人工、材料消耗标准，并以此为基础，形成产品标准成本中的标准人工成本、标准材料成本、标准制造费用等标准。标准成本的制定使成本计算由事后的计算和利用转变为事前的计算和利用，是现代会计管理职能的一大体现。

2. 预算控制。预算控制是指按照人工、材料消耗标准及费用分配率标准，将标准人工成本、标准材料成本、标准制造费用以预算形式表现出来，据以控制料、工、费的发生，使之符合预算的要求。

3. 差异分析。差异分析是指即在一定期间终了时，对料、工、费脱离标准的差异进行计算和分析，查明差异形成的原因和责任，借以评价和考核各有关方面的工作业绩，促使其改进工作。

此外，服务于企业内部经营管理的经营分析得到一定程度的发展，如部门之间的比较分析等已开始具备管理会计的性质。

二、以预测、决策为基本特征的管理会计阶段

（一）社会经济发展的特征

第二次世界大战以后，科学技术日新月异，社会生产力得到了迅速的发展，企业的规模也在不断扩大，跨国公司大量涌现，与此同时，市场竞争愈演愈烈，企业获利能力普遍下降。上述各个方面影响到了企业内部，使企业生产经营出现以下变化：

1. 广泛推行职能管理，利用行为科学研究的最新成果来改善人际关系，调动职工的主观能动性，以激励职工提高产品质量、降低产品成本、扩大企业盈利。

2. 产品生产从重视单一品种的大批量生产转向按顾客要求进行多品种的小批量生产，以提高市场竞争力。

3. 市场竞争的日趋激烈迫使企业不得不重视对市场的调查研究，借助最新研究成果，加强生产经营的预测和决策工作。与此同时，进一步强化了生产经营的日常控制和考评工作。

4. 计算机技术的迅速发展为量化管理提供了保障。

由此可见，企业如果再简单地依靠提高生产和工作效率及内部标准化管理，就显得力不从心了。于是，将企业管理的重心转向提高经济效益已经水到渠成。

（二）经济理论的迅速发展

为适应企业管理重心由提高生产和工作效率转向提高经济效益的需要，西方管理理论有了迅速的发展，各种管理理论和管理学派的出现极大地推动了管理会计的发展。

1. 行为科学。行为科学是运用心理学、社会学、社会心理学等方面的研究成果，研究人的各种行为的规律性，分析其产生各种行为的客观原因和主观动机的一门科学。行为科学认为，不能把企业的职工看作只追求经济利益的“经济人”，而应看作有感情、思想、需要、爱好及主动性、积极性的“社会人”；企业是一个社会组织，从长远的观点看，企业的目标应该是长远健康发展。行为科学旨在创造一种适当的激励机制，激励人们确定这样的行为准则：每一个组织成员只有依靠组织才能有所作为，脱离组织则一事无成，从而在组织与组织成员之间形成一种同舟共济、患难与共的关系；每一个组织的成员只有在组织整体目标实现的同时，才能最大限度地实现个人目标；整个组织的各个方面均应以组织整体目标与组织成员个人目标的协调一致为出发点，只有这样才能充分发挥各方面的积极性和创造性，才能不断增强企业的活力和凝聚力，才能为企业长期健康发展提供有力的组织保障。

行为科学的产生主要是为了满足管理界日益增长的“应该注重组织内人的因素”的需要，其侧重点在于人际关系和人力资源，其主要贡献在于提出了群体动态、非正式组织、管理监督风格、参与管理和自我实现等几个概念。

2. 系统理论。系统是一个有组织的、一元化的整体，它包括两个或两个以上的独立部分、元素或子元素，其界限由环境决定。系统理论认为，组织系统的各个部分是相互联系、相互依存、相互制约的；系统内部、系统之间以及系统与外部，要进行物质、能量和信息交换，并通过交换形成一种稳定有序的状态。早期的系统理论认为组织（如企业）是一个封闭系统，因而对组织的研究只限于组织内部，而不考虑其所处的环境因素。其后的一般系统理论则将组织看作一个开放的系统，因此，强调组织对其所处环境的依赖性；对组织的研究不是组织的目的，而是帮助组织适应环境的手段；由于环境影响而产生的组织业绩水平的不规则性是组织实现其功能不可分割的因素，应认真进行研究。总之，一般系统理论认为，对不同的环境而言，没有一种最佳的组织结构可以通用。

3. 决策理论。决策理论认为：第一，决策贯彻管理的全过程，管理就是决策；第二，由于个人能力所限，只能在某时间内处理较少数量的信息，因而不可避免地显示出有限理性，当面对一个问题时，他们只寻求解决该问题的第一方式，而不会不断地寻找直至找到最优的解决方式，这就是著名的“以满意代替最优”的思想；第三，由于一个决策者可能同时面对几个目标，有时这些目标之间还会相互冲突，这时就应找出此间最主要的目标，并设法予以完成。随着时间的推移，其他目标的重要性也会显现出来，这时，就要再排一个顺序，依次予以完成，这就是所谓的“目标排列”思想。

（三）管理会计的发展

社会经济的发展和经济理论的丰富，使得管理会计的理论体系逐渐完善，内容更加丰富，逐步形成了预测、决策、预算、控制、考核、评价的管理会计体系。

在此期间，以标准成本制度为主要内容的管理控制继续得到强化并有了新的发展。责任会计将行为科学的理论与管理控制的理论结合起来，不仅进一步加强了对企业经营的全面控制（不仅仅是成本控制），而且将责任者的责、权、利结合起来，考核、评价责任者的工作业绩，从而极大地激发了经营者的积极性和主动性。

管理会计在强化控制职能的同时，开始行使预测、决策职能。管理的关键在于决策，决策的关键在于预测。随着各种预测、决策的理论和方法被广泛引入会计工作，逐步形成了以预测、决策为主要特征并与管理现代化要求相适应的行之有效的会计信息管理系统。

其主要内容包括以下几个方面：

1. 预测。是指运用科学的方法，根据历史资料和现实情况，预计和推测经济活动未来趋势和变化程度的过程，包括销售预测、成本预测、利润预测、资金需要量预测等内容。

2. 决策。是指按照既定的目标，通过预测、分析、比较和判断，从两个或两个以上的备选方案中选择最优方案的过程，包括经营决策（如产品品种决策、产品组合决策、生产组织决策、定价决策）和投资决策等内容。

3. 预算。是指用货币度量和非货币度量反映企业一定期间收入、成本、利润、对资产的要求及资金的需要，反映经营目标和结果的计划，包括业务预算、专门决策预算和财务预算等内容。

4. 控制。是指按预算要求，控制经济活动使之符合预算的过程，包括标准成本法和责任会计等内容。

5. 考核和评价。是指通过实际与预算的比较，确定差异，分析差异形成的原因，并据以对责任者的业绩进行评价和对生产经营进行调整的过程，这一过程往往在标准成本法和责任会计的实施中表现出来。

可见，在该阶段，狭义管理会计的内容体系已经建立。

三、以重视环境适应性为基本特征的战略管理会计阶段

（一）社会经济发展的特征

进入20世纪70年代，社会经济发展表现出以下基本特征：

1. 竞争要求企业进行“顾客化生产”。市场全球化使企业面临更加激烈的市场竞争，企业面临的市场已从过去的已知顾客群转向包括潜在顾客群在内的多样化的顾客群体。为适应这种变化，企业的生产组织必须从以追求效益为目标的大批量生产方式转向能对顾客不同需求迅速做出反应的“顾客化生产”，即以顾客为中心，以顾客的满意程度为判断依据，在对顾客需要进行动态掌握的基础上，在较短的时间内完成从产品设计、制造到投放市场的全过程。

2. 科学技术的发展为“顾客化生产”提供了可能。数控机床、电脑辅助设计、电脑辅助制造、电脑管理系统等的广泛应用，使得产品的订货、设计、制造、销售等各环节综合成一个整体，设计人员可以据此取得新产品的功能、形状、成本构成等的最佳结合，从而实现新产品技术先进性和经济可行性的统一。这不仅为企业进行灵活多样的“顾客化生产”提供了技术上的可能，而且提高了劳动生产率和产品的市场竞争力。

（二）经济理论

由于市场竞争的日趋激烈，人们认识到对外部环境的准确预测几乎是不可能的，企业

的计划必须以外部环境的变化为基础，更加留心市场变化的动态，更加密切关注竞争对手。与此相适应，战略管理的理论有了长足的发展。

战略管理是管理者确立企业长期目标，在综合分析全部内外相关因素的基础上，制定达到目标的战略，并执行和控制整个战略的实施过程。

为了制定企业战略，高层管理者必须分析企业的内外环境，明确企业的优势、劣势、机会和威胁。战略管理的关键是在不断审视企业内外环境变化的前提下，寻找一个能够运用优势，抓住机会，弱化劣势和避免、缓和威胁的战略。管理者根据对企业优势、劣势、机会和威胁的分析、比较，明确企业的宗旨，树立企业的目标，选择企业的战略，制定企业的政策，这就是企业战略制定阶段的主要内容。

企业战略确定以后，首先要建立一个战略实施的计划体系，其中包括各种行动方案、预算、程序，目的是将企业战略具体化，使之在时间安排和资源分配上有所保障。然后，要根据新战略来调整企业的组织结构、人员安排、领导方式、财务政策、生产管理制度、研究与发展的政策、企业文化等，目的是通过这些战略措施使企业战略的实施更有效率。

战略评估和控制的关键在于及时、准确地将有关信息反馈到企业战略管理的各个环节上，以便企业各级领导采取必要的纠正行动。造成战略实施的进度和结果与原来计划不同的原因是多方面的。管理者在发现这些偏差之后，首先应重新检查或调整战略实施的计划体系或实施措施，其次是检查企业的政策、战略、目标是否正确，最后是重新考虑企业的宗旨。如果造成这种偏差的原因是企业内外环境中的关键因素发生了重大和根本性的变化，那么整个企业战略都要重新制定。

可见，重视环境对企业经营的影响是企业战略管理的基本点。

（三）战略管理会计的产生

随着战略管理理论的发展和完善，著名管理学家西蒙于 1981 年首次提出了“战略管理会计”一词，之后很多学者的研究成果也在不断丰富和完善战略管理会计，并形成了以以下内容为主体的基本体系：

1. 价值链分析

“价值链”由迈克尔·波特（Michael Porter）于 1985 年提出。他将一个企业的经营活动分解为若干战略性相关的价值活动，每一种价值活动都会对企业的相对成本产生影响，进而成为企业采取差异化战略的基础。供应商通过向企业出售产品对企业价值链产生影响，而企业通过向顾客销售产品影响买方的价值链。

（1）纵向价值链。企业价值链与供应商价值链之间的联系可以通过采购活动等多个接触点实现，与顾客价值链之间的联系则通过销售和服务活动等多个接触点实现。由此将企业、供应商和顾客视为一个相互联系和相互作用的整体。这种联系可以向上延伸至原材料的最初生产者或供应者，向下延伸到使用产成品的最终用户，形成一条由从原材料投入到产成品提供给最终用户之间的所有价值转移和增值环节构成的纵向价值链。

纵向价值链将最终产品看作一系列价值活动的集合体，企业是整个价值链中的一环或几环。这样，企业可以从整体价值链的层次上分析产品的成本和收益，从合理分享利润的角度进行战略规划。

纵向价值链分析旨在确定企业在哪一个或哪几个价值链环节中参与竞争，具体包括：①产业进入和产业退出的决策。企业可以通过对某一产业（可能包括若干价值链环节）在整个纵向价值链利润共享情况的分析，以及对该产业未来发展趋势的合理预期，做出进入或者退出该产业的战略决策。②纵向整合的决策。企业可以在某一产业范围内对企业现有生产过程进行扩张或收缩。

对纵向价值链的研究能保证企业准确确定市场定位，并且考虑更广泛的有关整合和利用市场之间的战略问题，使投资决策有了新的内容。

（2）横向价值链。某一最终产品的生产可以通过多种途径和组合方式来完成，在整个社会空间里必然存在一系列互相平行的纵向价值链，所有在一组互相平行的纵向价值链上的企业之间就形成了一种相互影响、相互作用的内在联系（即横向价值链）。这种横向价值链实际是一个产业的内部联系，其相互影响和相互作用的结果决定了产业内部各企业之间的相对竞争地位，并对企业价值最大化的实现产生重要影响。

横向价值链分析就是对一个产业内部的各个企业之间的相互作用的分析，通过横向价值链分析可以确定企业与竞争对手之间的差异，从而确定能够为企业取得相对竞争优势的战略。

对横向价值链的研究能保证企业准确确定竞争定位，因此，诸如功能成本分析、质量成本管理及竞争博弈分析等都可纳入横向价值链分析的范畴。

（3）内部价值链。企业内部价值活动是企业在经济和技术上有明确界限的各项活动，是创造对顾客有价值的产品的基础。这些相互联系的价值活动往往被看作服务于顾客需要而设计的一系列作业的集合体，并形成一个有机联系的作业链。

按照“产品消耗作业，作业消耗资源”的原理，企业最终产品是全部作业的集合，同时也是全部作业价值的体现，企业作业的推移也表现为产品的价值在企业内部的逐步积累和转移，所以，作业链的形成也表现为企业的价值链的形成。

按照上述观点，可以把企业内部价值链分为：①基本职能活动，即企业履行基本管理职能的各种活动，包括企业的总体管理、计划、财务与会计、法律管理等诸多方面的活动。基本职能活动是通过整个企业内部价值链，而不是单个价值活动对企业的生产经营起辅助作用的。②人力资源管理活动，包括各类人员的招聘/雇用、培训、开发、报酬和激励等诸多方面的活动。具体包括：人的行为问题的研究，人力资源的成本、价值确定和相关投资分析研究。人力资源管理活动不仅支持企业各种具体的价值活动，而且支撑整个企业内部价值链。③生产经营活动，即从原材料投入到最终生产出满足顾客需要的产品的生产过程，又可分解为供应、生产、销售三大价值活动，而每一价值活动又可以根据具体的行业和企业特点进一步分解为若干子价值活动。

纵向价值链分析的结果在于确定企业应该生产什么，横向价值链分析则指出企业生产该种产品的竞争优势所在和相关的限制条件。上述分析的结果要通过企业内部价值链的优化来落实。

2. SWOT 分析

SWOT 是英文 strength（强势）、weakness（弱势）、opportunity（机会）、threat（威胁）的首字母的组合，旨在确认企业各项经营业务面临的强势与弱势、机会与威胁，并据此选择企业战略。其理论基础是有效的战略能最大限度地利用业务优势和环境机会，同时使弱势和环境威胁降到最低。

强势是企业相对竞争对手而言所具有的资源、技术以及其他方面的优势，反映了企业能在市场上具有竞争力的特殊实力；弱势是严重影响企业经营效率的资源、技术和能力限制，企业的设施、资金、管理能力、营销技术等都可以成为造成企业弱势的原因。

机会是企业业务环境中的重大有利因素，如环境发展的趋势和政府控制的变化、技术变化、买方及供应关系的改善等因素都可视为机会；威胁是环境中的重大不利因素，构成企业发展的障碍。

3. 战略成本管理

战略成本管理是战略管理会计的重要内容，它是为了提高和保持企业持久的竞争优势而建立的成本管理系统。这一系统主要由价值链分析、战略定位分析、成本动因分析三个主要部分构成。价值链分析是通过行业价值链分析，明确企业价值链位置，讨论利用上下游管理成本的可能性；战略定位分析的基本观点是企业在不同时期采取的战略可能不同，不同产品采取的战略也可能不同，对于不同的战略，企业应采取的成本管理系统也不同；成本动因分析就是要帮助企业选择有利于自身的成本动因作为成本竞争的突破口，以控制企业日常经营中大量潜在的成本问题。

4. 人力资源管理

在当今社会，技术已成为经济发展的首要和关键因素，所以必须注重发挥人的价值和知识创新能力。人力资源既是重要的产权要素，也是战略管理会计的重要内容。其核心是以人为本，通过一定的方法和技能来激励员工以获取最大的人力资源价值，并采用一定的方法来确认和计量人力资源的成本、价值、收益，进行人力资源的投资分析，帮助企业构建人力资源战略。人力资源管理的内容包括人的行为问题研究，人力资源的价值、成本的确定以及为提高企业和个人绩效而进行的人事战略规划、日常人事管理和一年一度的员工绩效评价等。

5. 战略性绩效评价

传统管理会计的业绩评价主要使用财务指标，信息来源也主要取自会计信息系统。由于管理会计和财务会计有各自的侧重点——财务会计人员的主要任务是依据企业财务会计准则，定期编制对外公布的财务报告，向投资者、债权人及有关方面报告企业的财务状况和经营业绩；管理会计人员的主要任务是为企业内部管理层提供及时、有用的管理决策信息，因此，使用财务指标作为业绩评价的依据，不仅时效性较差，而且与决策的相关性也较低。

随着企业的生产组织方式向“顾客化生产”转变，管理者的目光开始从企业内部转向企业外部，扩大市场份额、提高企业竞争优势已成为企业关注的重点。在这种情况下，以衡量企业内部经营管理的财务指标作为管理会计业绩评价的依据，显然已经不能满足管理者的要求。引入与战略决策相关性高的其他非财务指标作为业绩评价指标，已成为一种必然趋势。

战略管理会计中的业绩评价称为整体业绩评价，它是指获取成本和其他信息，并在战略管理的每一步应用的过程中，强调业绩评价必须满足管理者的信息需求，以利于企业寻找战略优势。比如在战略形成过程中，管理者需要获取多方面的信息，整体业绩评价通过对相关顾客需求状况的评价来帮助管理者决策。战略管理会计认为，有效的评价并不在于使用财务指标还是非财务指标，而是在于它能够发现企业存在的问题。从战略层来讲，非财务指标往往比财务指标更能说明问题。

可见，传统管理会计绩效评价指标通常只看结果而不重视过程。战略性绩效评价是将评价指标与企业所实施的战略相结合，根据不同的战略采取不同的评价指标。这不仅突破了传统管理会计的局限，而且将业绩评价由财务指标系统扩展到了非财务指标系统。如果采取产品差异战略，则既注重新产品收入占全部收入的比例等财务指标，又注重新产品上市时间、产品市场占有份额、产品创新率、技术进步率等非财务指标。战略性绩效评价强调绩效指标，既能肯定内部绩效的改进，又能借助外部标准衡量企业的竞争地位和能力；既能考核分析企业战略的执行结果和最初目标的实现情况，又能评价分析取得这一结果的业务经营过程。

第三节 企业管理会计的基础理论阐释

一、企业管理会计的对象

围绕什么是管理会计的对象，国内理论界基本形成以下几种观点：

（一）现金流动论

持该观点的学者认为管理会计的对象是企业的现金流动，其主要理由是：

1. 作为一门学科研究的对象，应该贯穿于该学科的始终，因为它是该学科有关内容的集中和概括。从内容上看，现金流动贯穿于管理会计各章的始终，表现在预测、决策、预算、控制、考核、评价等各个环节。

2. 通过现金流动，可以把企业生产经营中的资金、成本、利润等几个方面联系起来，进行统一评价，为改善生产经营、提高经济效益提供重要的、综合性的信息。现金流动表现为现金流入和现金流出两个方面，这两方面在数量和时间上的差别，最终会影响企业的经济效益。首先，收入减成本等于利润，虽然一定期间内收入的现金与支出的现金不等于该期间的收入和成本，但从根本上讲，企业是否真正盈利受现金流入量与现金流出量的制约。其次，现金流入与现金流出时间上的差别，制约着企业资金占用水平。一项现金支出表现为现金流出，如果它能够很快回收，形成现金流入，则生产经营中占用的资金就少。最后，通过货币时间价值的换算，把现金流动时间上的差别表现为数量的差别，从而可以对生产经营中的成本耗费水平、资金占用水平和盈利水平进行综合、统一的评价。

3. 现金流动具有最大的综合性和敏感性，可以在预测、决策、预算、控制、考核、评价等各个环节发挥积极能动作用。

（二）价值差量论

持该观点的学者认为，管理会计的对象是价值差量，其主要理由是：

1. 一般来说，现代管理会计的基本内容包括成本性态分析与变动成本计算、盈亏临界点与本—量—利分析、经营决策的分析与评价、资本支出决策的分析与评价、标准成本系统、责任会计等方面，而价值差量是对每一项内容进行研究的基本方法，并能贯彻始终。

2. 价值差量具有很大的综合性，管理会计研究的“差量”问题，既有价值差量，又包括实物差量和劳动差量，后者是前者的基础，前者是后者的综合表现。

3. 现金流动不能作为管理会计的对象，因为现金流动仅在经营决策和资本支出决策的分析和评价中涉及，其他内容均不直接涉及现金流动，因此，现金流动并不能在现代管理会计中贯穿始终。现金流动恰是企业财务管理学所研究的对象。

（三）资金总运动论

持该观点的学者认为管理会计的对象是企业及所属各级机构过去、现在和将来的资金总运动，主要理由是：

1. 管理会计与财务会计是并列的分支，两者同属于会计这一范畴之下，因而管理会计与财务会计有着共同的对象——资金运动。运动的基本形式是空间和时间。就资金运动而言，从空间方面看，可分为企业一级和企业所属机构、各分支机构中的多层次运动；从时间方面看，又是由过去、现在和将来的资金运动形成的一个不断的流。时空交错便构成了一个网络结构的资金运动系统。在这一资金运动系统中，管理会计的对象涵盖了所有时空的资金运动，而财务会计仅以过去的资金运动为对象。

2. 把资金总运动作为管理会计的对象，与管理会计的实践及历史发展相吻合。

（四）以使用价值管理为基础的价值管理

上述观点从不同角度对管理会计的对象进行了论证，各有各的道理，但都不能将管理会计的对象始终贯彻在管理会计的活动之中。本书认为，管理会计的对象是以使用价值管理为基础的价值管理，原因在于：

1. 从实质上讲，管理会计的对象是企业的生产经营活动。可以说，企业的生产经营活动是管理学各门课程共同研究的对象，各门课程之所以能够相互区分开来，是因为它们基于不同目的、从不同角度、采用不同方法、在不同层面上展开研究。例如，财务会计主要是从外部报表使用者的角度出发，通过凭证、账簿、报表，记账、算账、报账等会计循环工作，对已经发生或已经完成的生产经营活动进行核算，以提供其所需的会计信息。而财务管理主要是从内部使用者的角度出发，通过筹资、投资、营运和分配等工作，对未来生产经营活动产生的现金流动进行规划和控制，以提高资金的使用效果。

2. 从管理体现经济效益的角度来看，管理会计的对象是企业生产经营活动中的价值运动。在商品经济条件下，企业的生产经营活动表现为两个方面：一方面表现为使用价值的生产和交换过程；另一方面表现为价值形成和价值增值过程。管理会计以生产经营活动中价值形成和价值增值过程为对象，通过对使用价值的生产和交换过程的优化，提供信息并参与决策，以实现价值最大增值的目的。

3. 从实践角度来看，管理会计的对象具有复合性的特点。一方面，管理会计致力于使用价值生产和交换过程的优化，强调加强作业管理，其目的在于提高生产和工作效率。因此，作业管理必然强调有用作业和无用作业的区分，并致力于消除无用作业。为此，必须按生产经营的内在联系，设计作业环节和作业链，为作业管理和管理会计的实施奠定基础。可以说，作业管理使管理会计的重新构架成为可能。另一方面，在价值形成和价值增值过程中，管理会计强调加强价值管理，其目的在于提高经济效益，实现价值的最大增值。因此，价值管理必然强调价值转移、价值增值与价值损耗之间的关系：价值转移是价值增值的前提，减少价值损耗是增加价值增值的手段。为此，必须按照价值转移和增值的环节，设计价值环节和价值链。可以说，价值管理使管理会计的重新构架成为现实。

正是管理会计对象所具有的复合性特征，才使作业管理和价值管理得以统一，并构成完整的管理会计对象，从而与其他课程区别开来。一方面，价值环节和价值链与作业环节和作业链密切联系，基本形成一一对应的关系；另一方面，价值的增值取决于作业环节的减少和无用作业的消除（当然，整个纵向价值链的优化也是价值增值的重要方面），因为作业环节的减少和无用作业的消除将减少资源的耗费，在整个纵向价值链的价值增值额不变的情况下，必然会增加企业的价值增值额。可以说，作业管理和价值管理是管理会计的两个轮子。

二、企业管理会计的目标

管理会计是适应企业加强内部经营管理、提高企业竞争力的需要而产生和发展起来的，因此，管理会计的最终目标是提高企业的经济效益。为实现提高经济效益的最终目标，管理会计应实现以下两个分目标：

（一）目标一：为管理和决策提供信息

管理会计应向各级管理人员提供以下经过选择和加工的信息：

1. 与计划、评价和控制企业经营活动有关的各类信息，包括历史的信息和未来的信息。这些信息有利于各级管理者加强对经营过程的控制，实现最佳化经营。

2. 与维护企业资产安全、完整及资源有效利用有关的各类信息。

3. 与股东、债权人及其他企业外部利益关系者的决策有关的信息，这些信息将有利于投资、借贷及有关法规的实施。

（二）目标二：参与企业的经营管理

在现代管理理论的指导下，管理会计正在以各种方式积极参与企业的经营管理，将会计核算推向会计管理。

从实践角度看，管理会计以制定各种战略、战术及经营决策、帮助协调组织企业工作等方式参与管理，不仅有利于各项决策方案的落实，而且有利于企业在总体上兼顾长期、中期和短期利益的最佳化运行。

三、企业管理会计的职能及实现

（一）企业管理会计的基本职能

为了实现上述目标，管理会计应具有以下基本职能：

1. 计划。计划是对企业未来经济活动的规划，它以预测、决策为基础，以数字、文字、图表等形式将管理会计目标落实下来，以协调各单位的工作，控制各单位的经济活动，考核各单位的工作业绩。

执行计划职能，要求管理会计提供高质量的历史和未来信息，采用适当的方式，量化并说明未来经济活动对企业的影响。为此，管理会计人员必须参与计划体系的长远、可行目标的设计，适当地督促目标实现方式的选择等工作，以便顺利地完成计划工作。

2. 评价。在对未来经济活动进行计划的过程中，管理人员应提供预测、决策的备选方案及相关的信息，并准确判断历史信息和未来事项的影响程度，以便选择最优方案。在这一过程中，管理人员应对有关信息进行加工处理，去粗取精，去伪存真，以确保所选用信息能够反映经济活动的未来趋势，揭示经济活动的内在比例关系。

3. 控制。控制是对企业经济活动按计划要求进行的监督和调整。一方面，企业应监督计划的执行过程，确保经济活动按照计划的要求进行，从而为完成目标奠定基础；另一方面，企业也应对采取的行动及计划本身的质量进行反馈，以确定计划阶段对未来期间影响经济变动各因素的估计是否充分、准确，从而调整计划或工作方式，确保目标的实现。为了实现控制职能，企业应建立完善的控制体系，确保该控制体系所提供的与经济活动有关的信息真实、完整，从而能够适时、有效地调整计划及管理人员的行为。

4. 确保资源的有效利用。管理会计在确定各责任单位应负责任、赋予相应权力的同时，必须对其责任履行情况进行考核，以确保企业有限资源的有效利用。由于管理目标以指标分解的形式将责任落实到企业内部的各个单位和工作环节，因此，建立健全责任计量、责任确认及责任考核的责任报告体系，将有助于资源的有效利用和资源经营管理责任的履行。

5. 报告。向有关管理层汇报管理工作的进行情况和结果，是信息反馈的重要内容，其目的是使管理者进行有效的控制。从目前看，管理会计提交报告的对象不局限于企业内部和管理层，也包括向企业外部有关方面提供适当的管理会计报告。

（二）实现职能应完成的管理会计工作

为实现管理会计的职能，管理会计人员应组织和完成以下管理会计工作：

1. 报告。管理会计人员应向企业内部各单位及外部利益关系人报告其所需的历史或未来事项的信息，以便做出目标一致的决策。这些报告的信息可能涉及财务会计、材料物资、人力资源、市场以及受规章限制的环境。除向组织内部报告，管理会计人员还向股东、债权人、政府规章制定机构和税务当局等外部组织提供相应的信息。

2. 解释。管理会计人员应对与企业不同部门管理活动有关的各种内外信息做出解释，并传递信息所隐含的内容，如相关性、可靠性。因此，管理会计人员不仅要了解信息的来源，还要了解信息的用途。

3. 资源管理。管理会计人员必须建立各种便于计划制订和利用资源的控制制度，以确保资源的使用符合既定的政策。这些制度也必须满足管理者、债权人、其他利益相关集团的下列需要：（1）监督、管理营运资本，包括信用、应收款项和存货管理；（2）创立、维持最佳资本结构；（3）建立并执行厂房、财产、设备的控制制度；（4）管理养老金或类似的计划；（5）税务计划的制订与执行；（6）保险管理；（7）建立并执行资产管理的内部会计控制制度。

4. 管理信息系统的开发。管理人员应针对企业管理的需要，设计、开发全面的管理信息系统，以便对经济活动进行适时、有效的管理。在设计、开发中，管理人员应做好以下工作：（1）确定信息使用者对所需信息的要求；（2）根据输出信息的要求，确定需要输入的资料；（3）提出将输入资料加工处理为输出信息的各种需求；（4）加强对各种基础数据资料的保管工作，重要资料必须备份。

5. 完善管理技术。随着企业生产经营活动的日益复杂和社会竞争的加剧，为适应适时管理的需要，管理人员应采用现代化的设备和技术，以加强管理信息的选择归类、传送、分析及保护。因此，管理人员应当熟悉与信息生成过程相关的现代技术以及与控制、利用信息相应的各种会计技术。

6. 鉴定。管理人员必须确保从会计系统或相关来源取得并应用于整个组织的信息的正确性和可靠性。为此，一方面应加强企业的内部控制系统，适时鉴定信息的正确性和可靠性；另一方面应加强内部审计工作，对内部控制制度的适当性、有效性进行鉴定，以最终保障信息的正确性和可靠性。

7. 管理。管理包括建立并维持一个有效、胜任的管理会计组织。该组织应提出并解决会计与财务结构有关的问题，例如：管理会计职责的分派；协调会计与其他业务；授权并决定集权制或分权制；招募、训练、发展各个职责范围的员工；细分任务。

四、管理会计信息的质量特征表现

管理会计有效地履行预测、决策、预算、控制、考核等职能，取决于管理会计信息的有用性，也就是取决于管理会计信息的质量特征。

管理会计所提供的信息必须具有以下质量特征：

（一）相关性。相关性是指管理会计所提供的信息应该具有对决策有影响或对预期产生结果有用的特征。例如，在运用差量分析法进行短期经营决策时，差量收入、差量成本、差量收益就是对预期结果有用的信息，并且上述概念所依据的相关收入、相关成本也是对预期结果有用的信息。

相关性取决于目标函数的结构，即相关性是就特定目的而言，对某一决策目的是相关的信息，对另一决策目的就不一定相关了。此外，相关性还强调各信息用户的目标与整个组织的最高管理层的目标之间的一致性与和谐性。内部报告提供的信息，如果其成功或失败对整个组织及其不同的部门都具有同样的意义，那么也将有助于内部目标的和谐性。

（二）准确性。准确性是指管理会计所提供的信息在相关范围内必须正确地反映客观事实。根据不正确甚至错误的信息是无法做出正确的决策的。强调准确性必须明确准确性和精确性之间的关系。正确的信息并不意味着越精确越好，事实上，管理会计更重视信息的准确性。

（三）一贯性。一贯性是指同一企业不同时期应使用相同的规则、程序和方法，其目的在于使企业本身各个年度的管理会计信息能够相互可比；否则，管理会计就无法确定单位财务状况和经营成果的变化是来自单位的运营活动，还是由于采用了不同的规则、程序和方法所造成的。

应注意的是，一贯性并不排斥因客观条件变化而采用不同的规则、程序和方法，只要这种变化能够提高管理会计信息的有用性。

（四）客观性。客观性是指由两个以上有资格的人利用相同的规则、程序和方法，对同样一组数据进行检验，可以得出基本相同的计量结果和验证结论。客观性要求管理会计信息是中立的，不带任何偏向，特别是当数据用来对业绩进行评价或作为分配资源和解决争端的根据时，更应如此。

（五）灵活性。灵活性是指数据能够成为几种不同类型的信息，从而为不同管理目的服务的程度。它既取决于把所应用的基本数据分为哪几个明确的类型，又取决于每个类型的综合程度。例如，我们既可以按成本性态将成本分为固定成本和变动成本，以满足预测、决策的需要，又可以按可控性将成本分为可控成本和不可控成本，以便进行成本控制和责任考核。灵活的信息分类能够更好地适应不同的管理要求，并减少管理所需要的信息数量。

（六）及时性。及时性是指管理会计必须为管理者决策提供最及时、迅速的信息。及时的信息有利于正确的决策；相反，过时的信息则会导致决策的失误。在准确性和及时性之间，管理会计更重视及时性，甚至愿意牺牲部分准确性以换取信息的及时性。提高信息的及时性，可以通过缩短信息的经历时间来实现。信息的经历时间由两部分组成：间隔时间和延迟时间。间隔时间是指编制彼此相毗连报告的时间差；延迟时间则是指处理数据、编制报表和分发报告所必需的时间。有效地缩短上述两个部分的时间间隔，就可以提高管理会计的及时性。

（七）简明性。简明性是指管理会计所提供的信息，不论在内容上还是形式上都应当简单明确、易于理解，使信息使用者理解它的含义和用途，并懂得如何加以使用。简明性强调：首先，凡是对管理者做出某种判断或者评价有重要影响的信息，必须详细提供；其次，凡是对管理者做出某种判断和评价没有重要影响的信息，可以合并、简化提供。明确且易于理解的信息，有助于管理人员将注意力集中于计划与控制活动中的重大因素。例如，在为管理者提供有关成本控制的信息时，提示成本差异的信息将有助于管理者重视差异并采取有效措施，消除不利差异、保持有利差异，促进企业的健康发展。

（八）成本效益平衡性。管理会计信息的取得都要花费一定的代价。因此，必须将形成、使用一种信息所花费的代价与其在决策和控制上所取得的效果进行对比分析，借以确定在信息的形成、使用上如何以较小的代价取得较好的效果。不论信息有多么重要，只要其成本超过其所得，就不应形成和使用该信息。

第二章　企业管理会计理论

第一节　作业成本管理会计

一、作业成本管理会计的产生和发展

20 世纪 70 年代末，随着高新技术的发展并广泛运用于生产领域，传统的管理观念和管理技术受到挑战。企业竞争环境发生了急剧变化，计算机一体化设计与制造系统的建立、适时制（Just-In-Time，简称 JIT）采购与制造系统的出现与运用，以及零库存、制造单元、全面质量管理等全新管理观念和技术的推广，使得传统的以交易或数量为基础的成本计算与成本管理系统受到强烈的冲击。在先进技术环境下，直接人工成本比例大大下降，固定制造费用等间接费用大比例上升，按传统的"数量基础成本计算"难以合理地反映产品的消耗，无法为企业经营管理提供有用信息。在实务界迫切要求改革传统成本会计核算系统时，将管理重心深入作业层次，以"作业"为核心的作业成本计算及作业管理便应运而生。

一般认为，以作业成本计算为核心的作业成本管理会计概念最先由美国学者 Cooper 和 Kaplan 于 1984 年提出。其基本目的是为企业提供更相关的成本信息。作业成本计算方法提出之后，引起了理论界和实务界的重视，学者们在对其理论完善和运用研究中发现作业成本计算不仅能较精确地计算成本、解决共同成本的分配问题，而且它所提供的成本及其他信息还可被广泛地用于预算管理、生产管理、产品定价、新产品开发、顾客盈利能力分析等诸多方面，能为企业全方位的经营管理提供有价值的决策依据。这就使作业成本计算很快超越了成本计算本身，提升到以价值链（Value Chain）分析为基础的、服务于企业战略需要的作业管理（Activity-Based Management，简称 ABM）。

作业成本管理会计就是以"作业"为基础的成本核算与控制系统。它的基本观点是：产品消耗作业，作业消耗资源。它以作业成本计算为基本方法和手段，以作业为成本计算的基本对象核算产品成本。企业可以根据作业成本信息分析和优化成本结构，即实施作业管理，自始至终对所有作业进行分析和修正，改善成本信息质量，从而有利于经营决策，

提高企业整体经营管理水平，并实现作业链（Activity Chain）和价值链的最优化，为最终的顾客创造更多的价值。

作业成本管理会计是管理会计发展史上的一场革命，带来了崭新的作业管理理念与作业成本计算方法，为企业的成本管理及价值链优化提供了科学可行的方法与工具。经过20多年理论界和实务界的不断实践，作业成本管理会计理论趋于完善，运用作业管理可以改善企业经营，帮助企业增加价值。

二、作业成本管理会计的相关概念

明确作业成本管理会计的基本概念是理解和把握作业成本管理会计的基础。

（一）作业与作业成本

作业成本管理会计将作业作为成本计算对象，并追踪作业成本到最终产品、服务或顾客。从管理角度看，作业就是企业生产过程的各个工序或流程。从作业管理角度看，作业就是企业基于一定的目的、以人为主体、消耗一定资源的特定范围内的活动、业务或事项。这些活动、业务或事项的最根本的目的是为了创造某种价值。作业是汇集资源耗费的对象，它的基本特征包括：是以人为主体的、消耗一定的资源、区分不同作业的标志是作业目的、范围可以被限定。

作业可以按不同标志分类，如可按作业受益对象的性质把作业分为单位成本（Unit Level Activity）、批别作业（Batch Lever Activity）、产品作业（Product Lever Activity）、顾客作业（Customer Lever Activity）和能量作业（Facility Lever Activity）等。但最基本的一种分类是按作业能否给顾客增加价值将作业分为增值作业和不增值作业；增值作业就是通过该作业的执行可以为顾客提供更多的价值，生产工艺流程的各项作业一般都是顾客增值作业。不增值作业指对增加顾客价值没有贡献，或者凡经消除而不会降低产品价值的作业，比如储存、移动、等待、检测等作业，企业应尽可能减少这部分作业。

根据作业管理理念，产品生产过程可被看作一系列相互联系的作业的组合，成本费用的发生与作业相关，产品成本由作业成本构成。因此，产品生产过程的费用消耗表现为作业的费用消耗，也即作业成本。

（二）作业链与价值链

作业成本管理会计的主要目标是：第一，尽量通过作业为顾客提供更多价值；第二，从为顾客提供的价值中获取更多的利润。现代企业可以视为一个为了满足最终顾客需求而建立的一系列前后有序的、能创造顾客价值的作业集合体。这个有序的集合体就是“作业链”。根据作业管理理念，企业的经营活动可以视为为了满足最终顾客需要而设计的一系列材料消耗作业、工时消耗作业及制造费用作业三条平等而又相互交织的作业链构成。企业各项作业的执行都伴随着价值的转移与集合。每完成一项作业就消耗一定量的资源，同时有一定价值量和产出转移到下一个作业，直到最后将产品提供给顾客。最终产品是企业全部作业的成果集合，同时也表现为全部作业的价值集合。可见，作业链的形成过程，也就是价值链的形成过程，“作业链”同时表现为“价值链”。作业形成价值，但并非所有的作业都增加转移给顾客的价值。作业链和价值链是分析企业竞争优势的基础，企业管理就是要以作业成本计算为基础，以作业管理为核心，通过作业分析，尽可能消除不增值作业，并提高顾客增值作业的运行效率和效益，优化企业作业链和价值链。

（三）成本动因

成本动因指直接引起作业成本发生的因素（原因），它是作业成本计算的成本分配标准。成本动因驱动成本产生，对产品成本结构起决定性作用。出于可操作性考虑，成本动因必须能够量化，可量化的成本动因包括生产准备次数、零部件数、不同的批量规模数、工程小时数等。

作业成本计算的基本前提是：作业量的多少决定着资源的耗用量，产出量的多少决定着作业的耗用量，资源耗用量的高低与最终的产出量没有直接的关系，从而可将作为作业成本分配标准的成本动因分为资源动因（Resource Driver）和作业动因（Activity Driver）。

资源动因反映了作业量与资源耗费之间的因果关系，它是将资源成本分配到作业的标准。这里，资源是执行作业所必需的经济要素，即企业花了代价而获取的一切生产要素如资金、材料、机器设备、劳动力等。在分配过程中，由于资源是逐项分配到作业的，于是就产生了作业成本要素（Cost Element），将每个作业成本要素汇总就形成了作业成本库（Cost Pool）。例如，当“检验部门”被定义为一个作业中心时，则“检验小时”就可以成为一个资源动因，这时，许多与检验有关的费用将会归集到消耗该项资源的作业中心。通过对成本要素和成本库的分析，可以揭示哪些资源需要减少，哪些资源需要重新配置，最终确定如何改进和降低作业成本。

作业动因是作业发生的原因，即产品或服务的最终产出量与作业消耗量之间的因果关系，反映了最终成本计算对象（最终产出）耗用作业的频率和强度，它是将作业成本库（作业中心）的成本分配到产品、劳务或顾客的标准，也是沟通资源消耗与最终产出的中介。

三、作业成本管理会计的思想

（一）作业成本计算

作业成本计算是作业成本管理会计的基本方法和基础环节。它以作业为中心，通过确认企业设计、生产、销售等经营过程中所有与产品相关的作业及相应资源耗费，按成本动因分配计量作业成本，对所有作业活动进行动态的反映，尽可能消除“不增值作业”，改进“增值作业”，优化“作业链”和“价值链”，从而得出相对合理的产品成本，为企业经营决策提供有用信息。用作业成本计算核算产品成本时，须将着眼点从传统的“产品”转移到“作业”上，即以作业为中心。首先依据不同的成本动因（Cost Driver）分别确认主要作业，设置成本中心及对应的成本库（Cost Pool），再归集各项作业的资源耗费量等投入成本到作业成本中心，然后分别按最终产品或最终劳务所耗费的作业量分摊在各个成本库的作业成本（Activity Cost），汇总得出各种产品的作业总成本，最后计算各种产品的总成本和单位成本。其计算原理如图 2-1 所示。

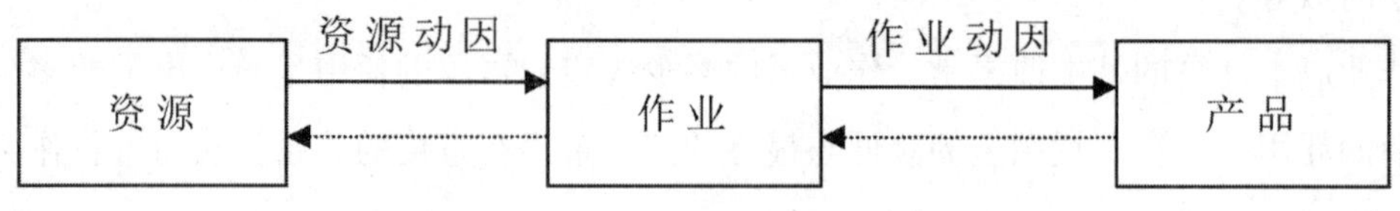

图 2-1　作业成本计算原理图

图 2-1 的实线表示成本计算与形成过程，虚线表示资源的消耗过程。图 2-1 表明，产品消耗作业，作业消耗资源；资源按资源动因把其成本追踪到作业中去，从而得到作业成本，作业又按作业动因把其成本追踪到产品中去，最终形成产品的成本。因此，作业是资源与产品之间联系的桥梁，是作业成本计算的重点。

（二）作业管理

传统的企业观认为，企业是一个为社会提供产品的营利性经济组织，其核心是产品。现代企业观认为，企业是为最终满足顾客需要而设计的一系列作业的集合体。从作业的角度看，企业就是一个由此及彼、由内到外的作业链。根据现代企业观，企业的经营目标就是要实现最终顾客价值最大化，企业管理的重点在于持续改善和优化作业链和价值链。作业管理以顾客为导向，以作业链—价值链为优化目标，以作业成本计算为中介，对企业的“作业流程（Activity Process）”进行根本性、彻底的改造，尽量消除作业链中一切不能增加价值的作业。作业管理把管理深入作业水平，以“作业”为核心和起点，从企业整体出发，通过作业分析，在企业产品设计、物资供应、生产和销售等部门和环节中不断改进作业方式，使各项作业形成连续、同步的“作业流程”，并重新配置有限资源，持续降低成本，不断改善价值链。作业管理有利于提高企业整体管理水平和经营效益，可以增强企业的竞争优势。

（三）作业成本计算与作业管理之间的关系

作业管理是作业成本计算发展到一定阶段的进一步拓展，作业成本计算是作业管理的核心，作业成本计算为作业管理提供基本分析和核算工具。作业管理是作业分析、作业成本分析和作业改进过程的有机组合。作业成本计算处于作业管理的中心，通过实施作业成本计算真正发现和提供企业作业链对顾客价值、企业价值增长有关的重点作业及相关信息，企业管理层根据这些信息对整个作业链进行改进，实施作业管理。作业成本计算与作业管理互相促进、相辅相成，共同构成作业成本管理会计的核心。

四、作业成本管理会计理论的主要内容

（一）作业成本管理会计形成的基础理论

1. 行为科学理论是促使作业成本管理会计形成的基础理论。行为科学是20世纪50年代奠基、70年代以来发展十分迅速的一门新兴学科。行为科学的内容包括侧重于行为观的组织理论、激励理论与决策模型。以行为科学为基础形成的作业成本管理会计要求管理控制依据激励-贡献之间的最佳关系，采取最有效的激励措施来激励、引导企业各级、各单位以至组织成员个人为实现企业总体目标即企业价值和顾客价值增加相互合作、协同努力。企业组织的柔性对于人的才能的全面要求更是促进了企业管理对于人力资源的重视，这种以人为本的管理思想也正是作业管理区别于传统意义上的企业管理的重要特征。

2. 信息经济学的引进和运用是作业成本管理会计形成和发展的理论基础。信息经济学认为，信息的获得需要付出信息成本，同时信息能产生效益，来源于它对决策的有用性。作业成本管理会计作为一个信息系统，必须以信息经济学原理为指导，使信息的效果和经济性两个方面统一起来，成本-效益原则是建立作业成本管理会计系统的基本指导原则。

3. 成本动因理论是实际运用作业成本计算提供成本信息的基础理念。从多维度看，企业的产品制造成本全是变动的，应将成本划分为短期变动成本和长期变动成本。这种对成本习性的再认识可以更好地把握成本的概念，由此得出的成本信息更为相关，有助于企业做出恰当的决策。成本动因理论认为作业是组织内消耗资源的某种活动或事项。作业是

由于生产产品或提供劳务引起的，作业又引起了资源的耗用。成本是由隐藏在其后的某种推动力引起的。这种隐藏在成本之后的推动力就是“成本动因”，或者说是引起成本发生的因素。成本行为是由成本动因所支配的。要把各种费用分配到不同的产品上去，首先要了解成本行为，以便识别出恰当的成本动因，从而发现真正影响成本的因素所在。

（二）作业成本管理会计的程序及体系

1. 作业成本管理会计的程序

（1）作业分析。作业成本管理会计关注成本信息的相关性，目标是运用作业成本计算所得的动态成本信息对企业作业链—价值链进行持续改善和优化。实施作业管理首先必须深入作业水平，进行作业分析。作业分析具体包括五个步骤：①定义作业。在确定企业经营目标的基础上，判别并描述企业为顾客提供产品或服务所需进行的各个作业。②分析作业的必要性。必要的作业能创造价值，要从企业和顾客两方面考虑。如果某项作业对顾客而言是必要的，它就是必要的作业，能为顾客增加价值；若一项作业对顾客而言不是必要的，还要看该项作业对企业组织而言是不是必要的。如果对企业必要，即使该项作业与顾客无关，它也是必要的作业。反之，那些对顾客价值增加没有必要的作业，也不能为企业组织功能的发挥产生作用的作业，都是不必要的作业，必须消除。③分析重点作业。企业的作业通常多达二三百种，基于成本效益原则我们无法也没有必要对所有作业一一进行分析，而应有选择性地对重点性作业进行分析。研究表明，企业80%的成本由20%的作业引起。企业可以将作业按其成本的大小排列，而后选择排列在前面的那些重点作业进行具体分析。④把企业的作业与其他企业类似的作业进行比较。因为企业必要的作业并不一定就是高效率的或最佳的，通过与其他企业先进水准的作业进行比较，可以判断某项作业或企业整个作业链是否有效，寻求改进的机会。⑤分析作业之间的联系。各种作业相互联系，形成作业链。有效的作业链也必须使作业的完成时间和重复次数最少。理想的作业链应该是作业与作业之间环环相扣，而且每项必要的作业只在最短的时间内出现一次。通过分析作业之间的联系，企业可以寻找出改进的机会。通过作业分析，企业可以溯本求源，消除不必要的作业，改进作业链，把企业有限的资源用到能为企业最终产品增加价值的作业上去，以提高最终提供给顾客的价值。从这个意义上说，作业成本管理会计不仅仅是一项管理会计核算工作，更为重要的是，它还是不断改进企业作业活动的过程。

（2）作业成本计算。作业成本计算深入作业层次进行成本核算是作业成本管理会计的核心内容。作业成本计算基于两步法：第一，资源所含价值由于作业的需要归集到作业上；第二，作业成本由于产出需要分配给产品。具体程序包括：①依据生产流程归集各个作业，并把资源费用分配至各个作业；②确定主要作业，建立作业中心，构成同质成本库，并选择作业中心的代表作业，计算成本库分配率；③分配费用至产品，计算产品成本，用产品消耗的某作业中心的作业动因量乘以成本库分配率，得到产品消耗该作业中心的作业成本；④将某产品消耗的所有作业成本相加，得到产品作业成本。产品作业成本再加上产品消耗的直接材料等其他直接成本，得到产品成本。

（3）动态改进。作业成本管理会计以“作业”为核心和起点，利用作业成本计算提供的信息，依据技术与经济相统一的原则，不断改进作业方式和管理控制，尽可能消除非增值作业，改善增值作业。具体步骤包括：减少完成某项作业所需要的时间或耗费；消除不必要的作业；选择成本最低的作业；尽量实现作业共享，从而能尽可能降低作业成本；利用作业成本计算提供的信息，编制资源使用计划，重新配置未使用资源。这些动态改进的步骤贯穿于企业的整个生产经营过程中，在对作业及资源配置进行动态改进的同时，企业管理水平及经济效益持续得到提高。

（4）绩效评价。作业成本计算产生大量有助于绩效评价的数据和信息，可以用于评价个人或企业分部门责任履行情况。作业成本计算还提供一些非财务信息，如资源动因和作业动因，有助于企业从非财务角度进行绩效评价。利用作业成本管理会计系统提供的信息可以多角度、多方面对企业进行绩效评价，提高绩效评价的相关性和有用性，对员工有更大的激励作用，有利于管理决策的制定和持续改进。

2. 作业成本管理会计体系

作业成本管理会计体系以高科技成果在生产领域的运用为基础，以计算机集成制造系统为技术支持，以新企业观的转变为起点，以作业成本管理为核心，以作业预算管理为重要的控制手段，以作业成本计算为中介，以实行适时生产系统（Just In Time，JIT）和全面质量管理（Total Quality Management，TQM）为条件，互相渗透、互相促进，实现企业的战略目标。作业成本管理会计主要包括以下子系统：

（1）作业成本管理会计的技术支持。计算机集成制造系统（CIMS）融科学的管理思想与先进的制造技术于一体，使生产达到高度的电脑化和自动化。它从产品订货开始，直到设计、制造、销售等所有阶段，对所使用的各种自动化系统综合为一个整体，由计算机中心统一进行调控。生产的高度信息化和自动化，为经营管理进行革命性变革——作业管理、实行灵活生产提供了技术上的可能。

（2）作业成本管理会计的基础和中介。实行作业管理，对作业的增值情况进行分析，必须加强成本控制，建立同环境相适应的现代成本管理模式——作业成本管理模式和能准确评价作业管理绩效的预算管理，有赖于作业成本计算所提供的相关作业成本信息进行预算、控制、绩效评价。作业成本计算把成本计算的重点放在成本发生的前因后果上。对成本前因后果及时进行动态分析，可以提供有效信息，促进企业改进产品设计，寻求最有利的产品和顾客以及相应的投资方向，并提高作业完成的效率和质量水平，将企业置于不断改进的环境之中，以促进企业生产经营整个价值链的水平得以不断提高。可见，作业成本计算是作业管理的基础和中介，它作为一个明细的信息系统，贯穿于作业管理的始终，通过对所有作业的追踪进行动态反映，可以更好地发挥决策、计划和控制作用，以促进作业管理水平的不断提高。

（3）作业成本管理会计的时间组织模式。根据作业成本管理会计思想，与存货相关的作业（如存货的储存、搬运、保管等）都不能为最终产品增加价值，因此，必须消灭存货，实现“零存货”。而要做到“零存货”，就必然要求实行适时制（JIT）。因此，作业管理与适时制在作业链的基点方向彼此融合，适时制是作业管理在时间和空间上的经济模式。适时制的思想是：仅在必要的时候，生产必要数量的适合顾客要求的产品。具体来说，适时制是一种“拉动式”的生产系统，它根据顾客订货所提出的有关产品数量、质量和交货时间等特定要求作为组织生产的基本出发点，由后向前逐步推移，前一生产程序只能严格按照后一生产程序的要求进行生产，前一生产程序生产什么、生产多少、质量要求和交货时间等只能根据后一生产程序提出的具体要求来进行。如果严格地按照适时制思想组织生产，就可以实现企业供产销各个环节的“零存货”，消除与存货相关的不增值的作业。这正是作业管理所要达到的目的。

（4）作业成本管理会计的保障机制。适时制要求企业生产经营的各个环节能像钟表一样相互协调、准确无误地运转。任何环节出现故障，将导致整个生产秩序的混乱。为此，必须实施全面质量管理。全面质量管理以“零缺陷”作为质量管理的出发点，把重点放在每一员工的自我质量监控上，而不是事后的质量检验。生产过程一旦发现问题，立即采取措施，尽快进行纠正，以实现缺陷在生产第一线上瞬时自动消除，绝对不允许任何有缺陷的零部件从前一生产程序转移到后一生产程序上去，以保证企业整个生产过程“零缺陷”的实现。这是适时制得以顺利实施的必要条件。任何与废次品有关的作业，都是不能为最终顾客增加价值的作业，因而作业管理必然要求通过全面质量管理在生产过程中最大限度地消灭废次品。因此，贯穿于作业链的全面质量管理正是作业管理运行的保障机制。

作业成本管理会计体系的各个方面并不是孤立地存在，而是一个相互依存、相互联系的有机整体。它们共同作用，紧密协调、配合，为企业经营活动的顺利进行创造了条件。

（三）作业成本管理会计带来的影响

第一，作业成本管理会计改进了成本概念，拓宽了成本核算的范围，提高了成本管理的有效性。作业成本管理会计通过作业这个核心，把费用与产品成本联系起来，形象地揭示了成本形成的动态过程，使成本的概念更为完整、具体。它还把作业、作业中心、顾客和市场都纳入了成本核算的范围，形成了以作业为核心的成本核算体系和管理体系。作业成本管理会计以作业为核心核算产品或服务的成本，抓住了资源向成本对象流动的关键，可以更有效地进行成本管理，有利于全面分析企业在特定产品、劳务、顾客和市场及其组合以及各相应作业的营利性差别。

第二，作业成本管理会计可以提供决策有用的成本信息。作业成本管理会计根据因果关系按资源动因、作业动因分配间接费用，克服了传统成本计算按单一的分配标准分配间接费用所造成的成本信息扭曲，提供的成本信息具有更强的相关性。

第三，作业成本管理会计优化了成本形成过程及其结构。作业成本管理会计通过对成本动因的分析，揭示了资源耗费、成本发生的前因后果，指明深入作业水平，对企业供、产、销各个环节的基本活动进行改进与提高的途径，从而有利于消除一切可能形成的浪费，全面提高企业生产经营整体的经济效益。

第四，作业成本管理会计提供了便于不断改进的绩效评价及责任考核体系。传统成本计算忽视了可供资源与实际需用资源之间的差异，将未使用资源和非增值作业耗费的资源也计入成本对象的成本，严重影响了绩效评价的客观性。根据作业成本管理会计的基本思想，绩效评价可以更清晰地反映作业、资源在增加顾客价值过程中所起的作用。通过贯穿资源流动始终的因果分析过程，便于明确与落实各部门的岗位责任，揭露存在的问题，并结合非财务指标作为各作业中心绩效评价与考核的依据，从而调动各部门挖掘潜在的盈利能力，改善经营管理决策。

第五，作业成本管理会计从企业战略出发进行管理控制，有利于增强企业的竞争能力。作业成本管理会计重视整体持续优化作业链—价值链，注重价值链的分析和改进，在作业全过程中对产品设计、生产、质量管理等各方面进行控制和完善，促进作业管理的不断改进与资源的优化配置，不断提高最终产品或服务能给顾客提供的价值，使整个企业处于不断改进的状态，有助于持续增强企业的市场竞争能力。

第六，作业成本管理会计可以视为成本管理会计发展的一次革命。作业成本计算的贡献在于强调成本动因以及由此引起的作业链—价值链重构问题。

第二节　环境管理会计

面向21世纪，随着人们对企业可持续发展观的重视，企业经营目标逐步从经济效率观念转向生态效率观念，由此产生了基于可持续发展观的环境管理会计。

一、可持续发展观点及其企业竞争优势的影响

（一）可持续发展观点

自从20世纪80年代以来，随着环境问题的进一步恶化，人们开始思考经济增长与环境保护之间的关系问题，并最终促成了可持续发展观念的提出：在不对后代人满足其自身需求的能力构成危害的前提下，满足当代人的需求的发展①。这个观点强调生态持续、经济持续和社会持续并举，强调了经济与环境的双向相互影响。该观点提出后得到了国际社会的普遍接受，并对整个社会环境产生了重大的影响。许多国家政府加强了环境保护方面的立法工作，并将环境管理的工作，从政府对企业进行命令和控制的手段为主，转向政府与企业积极合作，实施以清洁生产、源头控制、预防为主的环境政策。与此同时，许多国家政府还积极借助利率、税收等经济手段引导企业的经济行为，以促使企业走上可持续发展的道路。有的国家通过制定严格的环境标准，规范和制约企业的行为。而在世界贸易的框架中，从20世纪90年代中后期起，出于环境保护的目的，对进口施加限制不再被视为违反自由贸易原则，“绿色贸易壁垒”成为客观存在的事实。同时，随着社会的环境保护意识增强，社会利益集团、消费者、供应商等对企业经济行为的环境后果比较关注，从而使企业行为置于社会的密切监控之中。

（二）可持续发展对企业竞争优势的影响

在这样的外部环境影响下，企业的内部环境发生了变化，竞争优势受到了影响。

首先，由于自然资源日益稀缺、环境污染日益严重，使基本生产要素的供求关系发生了转变，直接推动了生产要素（如水、电、土地等）的涨价，从而使企业成本上升，不确定性增强。同时，环境立法的加强，使忽视环境绩效的企业可能遭受罚款、赔偿等重大损失。另外，由于政府通过各种手段试图使导致污染环境的外部成本内部化，因此，严重依赖资源和污染环境的企业存在着成本上升的可能。这也使得资源依赖型企业在供应商讨价还价能力方面处于劣势，从而在市场竞争中处于不利状态。而在现代经济环境下，知识正在成为真正的资本和首要的财富，随着知识经济的到来，企业的核心资源已经由原来的物质资源向知识、信息等资源转化，企业的竞争从传统的厂房、设备等硬环境的竞争，转化为研究与开发、战略决策、经营管理等软环境的竞争。过度依赖资源的结果，将使企业竞争力下降。

---

① 胡玉明. 管理会计研究［M］. 北京：机械工业出版社，2007：101.

其次，人们对环境问题的关注，使市场竞争格局发生了转变。保险公司、金融机构、证券市场的投资者开始关注企业的环境绩效，环境绩效对企业在取得资金、争取有利的保险合同方面产生了实质性的影响。消费者对企业环境行为的关注，也直接影响着其对企业产品服务的接受程度。有些企业借机以环保概念作为实施差异化战略的切入点，改变生产工艺，实现绿色经营，提供绿色产品的时候，不仅与未实现绿色经营的企业拉开了距离，夺走后者的市场份额，同时还给后者带来进入障碍。在环境绩效方面无所作为的企业，面临着行业内竞争加剧、绿色产品的替代威胁、与顾客讨价还价能力下降等种种不利后果。

不过，环境保护运动的兴起，环境标准提高，法律趋严，也给企业带来了战略机会。技术是竞争的主要驱动力。适应环境保护的需要，环境技术不断变革，从末端处理向清洁生产并进而向生态工业学方法转变。这种变革，使企业的经营效率、风险管理能力、资本获得能力、战略导向、市场需求、人力资源管理等发生了变化。如果能充分利用这种机会，则可以改变企业的竞争地位，从而提高其竞争力。

为了有效地识别经营活动的环境因素及其影响，确保经营行为符合环境法律法规要求，持续改进环境绩效，许多企业开始实施环境管理战略，引入环境管理体系。

二、现有会计体系的局限性

实施环境管理体系的目的在于：（一）确认和评价企业当前或拟议的作业、所提供的产品或服务可能产生的环境影响；（二）评估企业在发生事故或紧急情况时可能的环境影响；（三）识别相关法律法规的要求；（四）确保识别方案的优先顺序，制定适当的环境目标；（五）有助于计划、控制、监督、审计和审核企业的作业，以确保其符合法律规定；（六）能够适应变化的环境要求。

可以说，环境管理体系的实施过程，实际上就是管理活动的决策和控制过程，目的在于实现企业战略。管理会计，作为帮助管理当局在组织内部进行计划、评价和控制以及履行对企业资源的经管责任，而对信息（包括财务和经营信息）进行确认、计量、归集、分析、编报、解释和传递的过程，在企业的决策和计划与控制活动中发挥着重要的作用。但是，面对企业实施环境管理战略和环境管理体系的要求，管理会计表现得无能为力，甚至成为制约因素。其原因在于，会计信息系统作为企业最为常见的正式信息系统，在对信息进行加工整理时，过于注重财务信息，而忽视了非财务信息。而环境战略所关注的环境绩效，有许多是不能表现为财务信息的，一般只适宜表现为非财务的定量信息，例如，污染的排放量、土地的退化程度等。有的甚至无法量化，而只能做定性说明，例如，对湿地的影响等。即使是那些能够以财务信息表现的绩效，如环境成本的绩效，也由于种种原因而没有得到全面的反映。例如，当采购危险品的时候，会计系统只将买价、材料采购和整理费用等反映到材料成本，但是，由于危险品的使用，而使企业所增加的风险管理成本、危险品保管、转移和处置等相关成本只反映在管理费用上。这就使危险品的实际成本没有得到全面反映，危险品与一般材料之间的环境绩效差异无法体现出来，从而使企业在采购何种材料的决策中不能得到全面的信息。不仅如此，会计的控制职能也无法得到充分的发挥。危险品一旦为生产所领用，就从会计系统“蒸发”了，人们只知道其进入了生产车间，至于其实物存放、形态、后续处理等，则无法通过会计系统进行控制，更不能体现在企业的绩效报告上。因此，在实施环境战略的时候，人们往往只能撇开会计系统，另寻其他系统的支持。

然而，战略的有效实施和绩效的改进需要准确的计量评估和信息的传递。在实施环境体系的时候，应当先计量绩效、审核绩效，最后才能向利益相关者报告绩效。识别、计量和分配环境成本，可以使企业发现改进的机会，在改善财务绩效的同时实现环境绩效的改善，从而改善企业与利益相关者的关系。但是，在实践中，环境会计的缺位使人们只能先进行环境审计，提供环境报告，实施环境管理体系，以发现问题，列出方案，并实施改进。这种顺序使得环境绩效的计量、评估、改进和沟通的作用大打折扣。然而，作为价值链的支持性作业，会计信息系统在企业价值创造过程中能够发挥重要作用。其信息有助于企业在动态和竞争性的环境下实现资源的有效利用，增加企业组织价值。因此，环境管理的需求和会计系统的局限迫使人们寻求管理会计系统的改进，以使其能够反映和控制环境绩效，为企业管理的新要求服务。

三、环境管理会计的提出背景

不过，环境管理会计的产生并非一帆风顺，甚至在很长的一段时期里，环境管理会计是没有名分的。对环境问题的关注，首先引发的是人们关注环境负债及其在财务报告的披露。1990 年，作为对英国经济学家皮斯（Peace）在 1989 年所撰写的《绿色经济蓝图》首次提出环境核算（Environment Accounting）一文的回应，格雷（Gray）撰写了《绿色会计：Peace 后的会计职业界》，研究了环境问题对会计的启示和会计界可能对环境保护所做的贡献，从而掀起了人们对企业环境会计问题的重视。环境会计研究，也因此从社会会计研究中以单独的名称独立出来。20 世纪 90 年代开始，环境会计研究迅猛发展，出现了与各个相关学科和研究领域交叉互补的趋势，形成了不同的研究视角。在宏观层面上，以联合国 1992 年在联合国环境与发展大会上改进国民经济核算体系的提议为代表，出现了建立环境与经济综合核算系统（System of Integrated Environmental and Economic Accounting，SEEA）的研究。

在中国，由国务院发展研究中心牵头，也开展了如何将自然资源核算纳入国民资产负债表，如何建立中国的资源经济环境综合核算体系研究。在微观层面上，环境会计的研究，主要包括对环境信息披露、环境审计和管理会计等方面的研究。正如美国环境保护局在其研究报告中所提到的，“环境会计”这个会计术语可以在三种不同的背景下使用：国民收入会计、财务会计和管理会计①。国民收入会计是对宏观经济的计量，例如，用GDP反映社会经济福利。在此背景下使用环境会计概念，则表示用实物或货币单位反映国家自然资源的消耗量，也称为“自然资源会计”。财务会计是按照公认会计原则为企业的投资者、债权人和其他外部使用者提供财务报告。在此背景下使用环境会计概念，则指对环境负债和重大的环境成本进行估计和报告。管理会计要为企业内部管理需要进行信息的确认、收集和分析。在此背景下使用环境会计概念，则指在企业的经营和决策过程中如何利用环境成本与环境绩效的信息，如在成本分配、资本预算和流程或产品设计中考虑环境成本和效益。所有这些研究，不管是宏观的，还是微观的，无论是侧重于信息披露或审计，还是管理会计，基本上都冠以“环境会计”的研究。因此，当提到环境会计时，如果不加说明，人们可能无法知道其具体所指。

不过，名称的不确定并没有影响人们对环境管理会计研究的热情。环境管理会计顶着环境会计（Environmental Accounting）、与环境有关的管理会计（Environment-Related Management Accounting）、环境差别管理会计（Environmental Differentiated Management Accounting）、为企业决策服务的环境会计（Environmental Accounting for Business Decisions）等诸多名号而存在。关于其定义、方法、实践等研究不断出现，直到1999年，联合国成立了“改进政府在推动环境管理会计中的作用”专家工作组，并召开了第一次会议，统一了各国实践的名称，这才首次提出了环境管理会计的概念，同时号召各国政府积极促进推行环境管理会计。

第三节 行为管理会计

行为管理会计是行为科学与管理会计相融合的一个管理会计分支。因此，行为科学是行为管理会计的理论基础。本节讨论行为科学基本理论及其与管理会计的关系。

一、行为科学理论及其发展

行为科学是一门专门研究人类行为客观规律的综合性学科，它主要是运用心理学、社

① 胡玉明. 管理会计研究［M］. 北京：机械工业出版社，2007：102.

会学、生理学、人类学、遗传学、政治学、管理学、经济学等多门学科的研究成果和基本理论，研究在社会经济环境中人的行为产生的原因和影响人的因素，探索如何根据人类行为的规律调整人与人之间的关系，提高对行为的预见性和控制能力。其目的在于引导和激励人们充分发挥其主动性、积极性和创造性，从而能够最大限度地利用人力资源来提高经济效益。

行为科学有着悠久的发展历史。100 多年前，为研究人类行为如何产生，约翰·布劳德斯·华生根据“小白鼠跑迷津的实验”，得出动物和人的行为都是学习的结果，开创了人类研究行为科学的序幕。1898—1901 年，美国工程师泰勒在工人中进行了“搬运生铁块实验”① 和“铁锹实验”②，根据事前设计的动作和时间，研究如何提高工人的工作效率，总结出了“科学的管理方法”，发表了著名的《科学管理原理》一书。该书将标准成本、预算控制和差异分析引入管理会计。科学管理理论的前提假设就是人是追求经济利益的“经济人”。到了 20 世纪 20 年代，美国人梅奥进行了著名的“霍桑实验”。该实验认为，工人为“社会人”而非“经济人”，企业存在“非正式组织”。梅奥根据实验结果创建了著名的人际关系学说。该学说主要研究组织的个体行为、群体行为和组织行为。1949 年，芝加哥大学跨学科世界大会讨论了行为科学的一般性理论，正式确立了行为科学的科学地位。纵观行为科学的发展历程，它经历了从单纯的实验室研究、科学管理、人际关系到行为科学等阶段。行为科学研究的重点在于：人的动机研究、人的需求研究、人的激励研究、个体行为研究、团体行为研究、组织行为研究、领导行为研究等。在初期的研究中，都假定人为“经济人”，随着研究的深入和环境的变迁，逐步把人假定为“社会人”。最近几年，随着科学技术的发展、组织结构的变革以及经济全球化，人类从工业经济时代逐步进入知识经济时代，行为科学研究的方向逐步从把人假定为“社会人”变为“文化人”。

行为科学的基本理论包括：

（一）重视人的因素。企业管理的关键在于人，人的能动性发挥的程度与管理的效应

---

① 泰勒及其助手用 4 天时间，观察和研究了 75 个生铁搬运工，从里面又挑选出 4 个人，然后又从 4 个人中选定了来自宾夕法尼亚的荷兰人施米特作为试验对象。他们在研究中试着转换各种工作因素，以观察它们对施米特的日生产率的影响。他们还试验了搬运工人的行走速度、持握生铁的位置和其他变量对生产率的影响，从中获取数据。实验结果是：如果对工人进行训练，把劳动时间和休息时间很好地搭配起来，工人每天搬运生铁的重量可以从原来的 12～13吨提高到 48 吨！而且，负重时间只有 42%，其余时间是不负重的，工人也不容易疲劳。

② 铁锹试验首先系统地研究锹上的负载应为多大的问题，其次研究各种材料能够达到标准负载的锹的形状、规格问题；与此同时，还研究了各种原料装锹的最好方法的问题；此外，还对每一套动作的精确时间做了研究，从而得出了一个“一流工人”每天应该完成的工作量。该研究的结果非常出色，堆料场的劳动力从 400～600 人减少为 140 人，平均每人每天的操作量从 16 吨提高到 59 吨，每个工人的日工资从 1.15 美元提高到 1.88 美元。

成正比，对人的管理和充分调动人的积极性是企业管理的核心问题。

（二）人是社会人。人是有生命、有思想、有感情、有创造力的一种复合体，人在社会实践中既能够改造客观世界，也能够改造自己的主观世界。

（三）人的行为由动机所决定，而动机则由需求所引起，即需求引起动机，动机决定行为，行为导致目标的产生和实现。

（四）对人的激励首先要满足人的各种需求。人的需求不仅有生理需求和物质需求，而且还有更为重要的心理需求和精神需求。人的需求存在着一个由生理需求向心理需求、由物质需求向精神需求这种从低到高的发展趋势。人的需求的多样性及其发展趋势，就决定了在企业管理中必须将物质激励与精神奖励结合起来，以便使管理部门采取的各种措施更具有针对性和实效性。

（五）企业管理必须重视组织行为的研究，进而提高企业领导和各级管理人员预测、引导和控制人的行为的能力，以便实现企业的既定目标。企业管理对人的行为最佳控制方法是把企业经营总目标分解为员工个人目标，进行员工个人行为的自我控制。

（六）重视对领导行为与领导方式的研究。这就要求企业领导必须充分注意员工的情绪和士气，加强对员工的感情投资，在企业形成一股内在的凝聚力，使领导与员工能够在感情和思想上相互交流，在工作上相互配合，从而确保整个企业能够实现在经营目标上的一致性。

（七）对人的管理，必须贯彻“人人是管理者，人人又是被管理者”的原则，要按照人的行为特性及其发展规律加强对人的思想管理，提高人的思维活动能力和心理承受能力，发挥人的组织效应，增强人的素质和创造力。

（八）劳动生产率的提高，除正式组织的作用外，还应充分考虑非正式组织的作用。

二、行为科学对企业管理产生的影响

自20世纪40年代由美国哈佛大学经济学家Elton Mayo创立的行为科学运用于企业管理之后，即体现出与传统管理理论明显不同的特点，它着重于如何在企业管理中有效地进行“激励”与“领导”，强化了“以人为本”的理念，改变了传统管理理论和模式对人的错误认识，从忽视人的作用转向重视人的作用，由原来的以“事”为中心发展到以“人”为中心，由原来对“纪律”的研究发展到对人的“行为”的研究，由原来的“监督”管理发展到“动机激发”管理，由原来的“独裁式”管理发展到“参与式”管理。行为科学对企业管理的影响主要表现在以下几个方面：

（一）组织理论对企业管理产生的影响

侧重于行为观的组织理论不把企业的组成人员看作只是寻求经济利益的“经济人”，而把他们看作具有感情、思想、需求、爱好和主动性、能动性的“社会人”。因而，这种理论以组织的社会心理观为基础，认为组织是一个社会单位，是一种社会的有机联合体。在这种社会有机联合体中，不存在像“利润最大化”这样一个单一的可以普遍适用的总目标。从长远的观点看，应把企业的长期健康发展看作是它的总体目标。为了有利于企业长期健康发展，就必须努力消除以“利润最大化”为单一目标可能导致企业侧重短期行为的种种消极因素。除利润外，还必须同时在科技开发、产品开发、产品的市场占有率、人才开发、生产安全、技术装备水平、生活福利设施、社会责任等各个方面同时下功夫，才有可能为企业长期的健康发展创造有利条件、奠定牢固基础。与此相联系，组织成员作为“社会人”，而不是单纯的“经济人”，他们的个人目标也是多样化的，应包括心理、社会和经济需求等各个方面，并不会以单纯追求经济利益作为其唯一的目标。因而，对人的激励因素也不能只局限于经济因素，而应同时包括心理、社会和经济等各个方面。

该理论的核心在于创造一种适当的激励环境，激励人们确立这样的行为准则（规范）：进入组织的成员不能脱离整个组织而有所作为，也不能脱离组织而各行其是，在组织与成员之间形成一种同舟共济、患难与共的关系；每个成员只有为组织整体目标的实现做出最大贡献，成员个人的目标才能从中得到最好的满足；组织上下均以组织目标与组织成员个人目标之间的“协调一致性”作为一切行为的出发点。

与上述理论相适应，企业应以分权制的管理模式取代集权制的管理模式，废除那种自上而下单纯依靠行政命令进行管理的做法，而代之以广泛的“参与制”，实行“职权分散化”“管理民主化”，建立良好的人际关系和团结、互助、友爱的组织气氛。因为只有这样，才能充分发挥组织每个成员的积极性和首创精神，并不断增强企业内部各级、各单位的活力和凝聚力，为整个企业长期健康发展提供有力的组织保证。

（二）激励理论对企业管理产生的影响

激励理论是正确处理人的需求、动机、目标、行为四者关系的核心理论。行为科学认为，人的动机来自需求，需求确定人的行为目标。激励作为人的一种内心活动，起着激发、推动、加强人的行为的作用。因此，在企业管理过程中，正确运用激励机制，充分调动组织内部每个成员的积极性、创造性，对于顺利完成组织的总体目标，具有十分重要的意义。

下面简要讨论在西方影响最大并具有代表性的两种激励理论。

1. 需要层次理论

需要层次理论是美国学者马斯洛于20世纪50年代初期提出的一种激励理论。马斯洛认为，人的需求可以分为五个层次，依次是生理需求、安全需求、友好与归属需求、尊重的需求和自我实现的需求。以上五个层次的需求，形成一种金字塔式的结构。关于需求与激励的关系，马斯洛认为，尚未得到满足的需求，具有最大的激励作用；较低层次的需求得到满足之后，较高层次需求的激励作用就会显示出来，并由下向上推移。马斯洛创立的需求层次理论的最大贡献在于：科学地揭示了人的需求的发展、动态的性质。一般而言，在较低需求层次上，经济的激励作用较为主要；需求层次越高，经济的影响力相对来说会越小，而其他方面的需求对行为的影响力就会越大。显然，这种理论对企业构建激励机制具有重要的指导意义。

2. 双因素理论

双因素理论是美国学者赫茨贝格（Herzberg）等人于20世纪50年代末提出的一种激励理论，又称为“激励-保健”理论。这种理论认为，在经济发展到一定水平的条件下，影响人的积极性的因素大致上可分为两类：一类是避免不愉快或不满意的需求。这类需求与工作环境、条件和人际关系有关，如生活条件、工资待遇、人事关系等，近似需求层次理论的前三个层次的需求。这类需求得到满足，只能维持组织成员现有的积极性，使之不致降低，并不能形成对他们的激励，因而，称之为“保健”因素。如果这类因素得不到满足，就会引起人们的不满意或不愉快，人们现有的积极性也会因此降低；另一类是激励因素，如对才能的承认、工作取得的成就能得到组织公正而客观的评价、成长与发展的机会、事业的成就感与荣誉感等，相当于需求层次理论的后两个层次的需求。这类需求得到满足，就会给人以强烈的激励，因而，才可称为真正的激励因素。

可见，赫茨贝格的双因素理论与马斯洛的需求层次理论并不矛盾，前者可以看作是在一定经济发展条件下对后者的发展和具体化。

（三）决策模型对企业管理产生的影响

诺贝尔经济学奖获得者西蒙（Simon）提出的决策理论使人们对决策方法原来奉行的寻求最优化的准则有了重新认识。首先，决策模型的目标函数以效用函数取代价值函数，可以适应目标多样化的要求。因为扩展意义上的效用，可以有多种表现形式，非物质因素（精神因素）也可用“效用”的形式来表现。其次，在决策方法上，以满意性准则取代原来奉行的最优化准则，即企业的各级决策人从“主观的理性”出发，在决策中寻求的是他们自己认为“满意的解”，而不是从“客观的理性”出发所要求的“最优解”。把决策人视为“寻求满意的人”，而不是寻求“最优的人”，使决策更符合客观实践。这是现代决策思想的重大转变，得到西方学术界的高度评价。与此相联系，在技术方法上，满意解可以用比较简化和近似的方法求得。它不像最优解，要通过许多复杂计算才能得到。这也有助于提高这种新的决策理论的实践性。

三、行为会计的发展历史及其研究成果

所谓行为会计（Behavioral Accounting），在最通俗的意义上就是说明谁、通过何种途径使得会计信息是这样而不是那样，这样或那样的会计信息对谁产生什么样的影响。但在严格的学术意义上则是指在会计技术方法基础上，利用行为科学和数学相关理论与方法，研究会计信息生产、传递和使用过程中各当事人的行为。

行为会计源于美国。从 20 世纪 50 年代起，西方会计职业界运用行为科学研究的成果，开始会计行为的研究，并逐渐形成会计学的一个分支——行为会计学。后经 20 世纪 70 年代和 80 年代在西方各国的迅速拓展和深化，现已成为西方会计最有希望的研究领域。行为会计的发展可分为三个阶段：行为会计的萌芽时期（这个时期主要研究预算对人的影响）；行为会计的觉醒时期（20 世纪 60 年代，表现在研究人数增多，研究课题丰富，但尚未形成完整的理论体系）；行为会计的发展时期（20 世纪 70 年代，表现在行为会计学术刊物增多，研究成果层出不穷，行为会计教育得到长足发展）。1981 年，美国会计学会“会计、行为与组织兴趣小组”的成立和 1989 年美国《行为会计研究》年刊的创刊，标志着行为会计的研究逐步成熟。

美国学者一直领导着行为会计研究的潮流，并取得了丰硕成果，其中包括“代理人说”“实证会计理论”“交易成本说”“激进会计学”“会计政治化理论”“功能定位说”“松弛理论”“目标协调理论”“文化决定论”等。对于这些理论学说，本书难以逐一详细讨论，只讨论它们的几个显著特点：

（一）相对独立的逻辑构思

一种理论学说是否成立存在很多判断标准，但其中最关键、最令人信服的是看其是否具备相对独立的逻辑构思。应该说，西方行为会计大多数理论学说都基本符合这个判断标准。以“代理人说”为例。“代理人说”的出发点是代理人关系，即一个或几个人雇佣另一个或几个人去履行特定的权利和责任时双方所形成的关系。前者称为委托人（Principal），后者称为代理人（Agent）。通常的情况是代理人掌握着委托人无法掌握的私有信息（Private Information），委托人与代理人处于信息不对称（Information A- symmetry）状态，从而产生两个基本的代理问题：1. 逆向选择（Adverse Selection），即代理人依据私有信息采取有利于自己、不利于委托人的行动；2. 道德风险（Moral Hazard），即委托人与代理

人对可采纳行动的偏好次序不同，而委托人又无法观察代理人如何实际安排行动次序。代理问题造成组织效率损失。

在现实经济生活中，委托-代理关系就是企业管理层与股东、组织内部上下级或政府与公众的关系等。在企业组织中，私有信息、信息不对称主要包括会计信息以及与会计信息相交织的其他经济信息。这样，委托-代理关系的信息包括会计信息，代理问题同时是会计问题。“代理人说”的创立者基于上述前提，借用信息经济学和边际效用理论，分各种情况建立起数学模型，用来评估包括委托人与代理人在内的管理会计信息系统，在多大程度上缓解了两个基本的代理问题。换句话说，该系统在多大程度上激发了代理人公开私有信息，从而避免组织效率损失。

（二）学术渊源深厚

行为会计的各种理论学说，不仅都将自己的学术触角不同程度地深入心理学、社会学、经济学、政治学、组织行为学、人类文化学以及哲学和数学等领域，而且将这些领域的相关概念、方法和原理引进到会计领域，使之符合会计学的逻辑。以“功能定位说”为例。20 世纪 40 年代，美国心理学家邓克（Duncker）提出“功能定位”（Functional Fixation）概念，认为人们总是本能地依据过去的经验将某些功能与某个实体联系起来，往往忽略该实体在新环境下具有的新功能。因此，尽管人们同该实体一起进入新的环境，但人们仍然把该实体与它的旧有功能联系在一起。

20 世纪 60 年代，美籍日裔会计学家井尻雄士（Yuji Ijiri）及其追随者借用“功能定位”原理来解释会计数据与证券市场之间的关系，创立会计学的“功能定位说”。他们认为，会计数据是证券市场的主要信息来源，直接影响市场价格，但这种影响是靠市场参与者（现有或潜在的投资者，包括股东和债权人等）阅读财务报表数据（诸如资产、负债、权益、收入、费用，特别是收益表末行的每股收益）并据以采取行动而发挥出来的。大多数市场参与者是会计门外汉，对会计数据的功能都抱有既成的看法。因此，当企业管理层通过会计政策（原则和方法）选择或蓄意歪曲改变会计数据的内容时，他们仍用既成的看法评价这些会计数据，不能从中区分真假虚实，其结果是市场参与者被“误导”，整个市场被愚弄。由“功能定位说”直接引申出来的两项主要会计对策是：1. 增强会计准则的统一性，尽量缩小会计政策选择的范围；2. 强化会计信息披露，对具有选择性的会计处理（如存货计价方法、折旧方法）、或有事项等应该通过财务报表注释或其他方式予以说明。

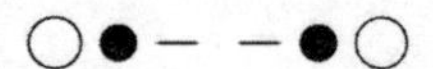

（三）客观上具有互补效应

我们不妨这样看，“代理人说”研究各类组织内部具有代理人关系的成员之间的互动行为与会计信息的关系，焦点在一个组织内部。“功能定位说”研究证券市场参与者的行为与会计信息的关系，焦点在组织外部的市场。“实证会计理论”有相当的内容研究企业管理层与市场参与者之间的互动行为及其与会计信息的关系，焦点在市场与组织的“结合部位”。而“交易成本说”则以市场特别是竞争微弱的市场为前提，研究企业之间的互动行为与会计信息的关系，焦点在组织与组织之间。应该说，这四项理论学说在微观领域配合得天衣无缝，因而被视为美国主流会计学在现代社会的延伸。而“激进会计学”却作为美国主流会计学的一种“反动”，依据柏拉图、黑格尔和马克思的哲学和政治经济学，将微观与宏观连成一体，侧重研究宏观领域既得利益集团的行为与会计信息的关系。它在同主流会计学的论战中，无意间弥补了主流会计学在宏观领域的缺陷，为美国会计学开拓出“全新的疆域”。如果用马克思历史唯物主义观点来观察，上述五个理论学说的视野限于经济基础，那么，从理论学说的称谓上容易发现，“会计政治化理论”和“文化决定论”则瞄准了上层建筑领域，它们分别说明相关的政治运作和“文化积淀”对会计信息生产、传递和使用的影响。

除上述三个特点之外，行为会计理论学说的另一个显著特点是用数学方法研究与会计相关的人类行为。按照通常的理解两者互不相容；其实不然，特别对“代理人说”“实证会计理论”“交易成本说”来说，如果没有数学方法的支撑，其分析过程几乎一步都不能进行。

四、管理会计的行为面发展

管理会计的基本职能是为企业有效的经营管理决策提供有用信息，并促进决策的有效实施，从而保证企业目标的顺利实现。为了使决策的形成和实施都能做到卓有成效，就必须十分重视对人的行为的激励和影响。这包括激励和影响企业经理人采取最有利于企业整体利益的行为，激励和影响企业员工为了保证企业整体目标的实现做出尽可能大的贡献。管理会计的职能本质上是一种行为职能，它把激励人的行为贯彻始终。因此，管理会计要在企业管理实践中发挥应有的作用，就必须十分重视其行为面（Behavioral Side）。这是管理会计发展的一个基本方向。

（一）以古典理论为基础形成的管理会计行为面框架

以古典理论为指导形成的管理会计的基本框架，包括“决策会计”与“执行会计”

两个方面。从总体上看，它为企业实现利润最大化服务。具体而言，包括以下几个主要方面：

1. 协助管理人员正确地进行经营管理决策，科学地制定企业总体的利润最大化目标，以此作为对企业经济激励的集中表现，并把这个总目标综合反映在统一以货币形式体现于企业生产经营的全面预算，以此作为企业在一定期间内行为的目标。

2. 将企业的总目标进一步分解到企业内部的各个单位，并根据权责一致的原则落实各个单位的经营责任。也就是将企业生产经营的全面预算进一步分解，落实为各个责任中心的“责任预算”，以此作为企业内部单位行为的准绳。

3. 企业管理人员针对预算执行过程中的偏差，采取有效的控制措施，借以消除各种低效和浪费现象，以此作为对企业内部各单位职工行为的约束。

4. 对各单位体现在责任预算的经营责任的履行情况进行分析、评价，并根据其成果的大小进行经济上的奖励或处罚，以此作为对企业职工行为的激励。

总括起来看，以古典理论为基础形成的管理会计的行为观，其主要特点在于：（1）服务目标的单一化，局限于为企业实现利润的最大化服务；（2）提供信息的单一化，局限于提供用货币形式表现的经济信息；（3）激励因素的单一化，对人的激励局限于经济利益方面。显然，所有这些都与上述以行为科学为基础形成的组织理论、激励理论和决策理论相背离。

（二）以行为科学为基础形成的管理会计行为面框架

总体上说，以行为科学为基础形成的管理会计的基本框架，仍可分为“决策会计”与“执行会计”两个方面。它们不是对以古典理论为基础形成的管理会计的根本否定，而是以前者为基础，在有关方面进一步地丰富、发展和提高。

1. 在决策会计方面，适应决策目标从单一化向多样化转变，决策方法从最优化准则向满意性准则转变，决策会计要认真研究：（1）如何协助企业正确地进行目标多样化的决策，达到切实可行的“满意解”，并做好多目标之间的协调配合；（2）如何协助企业内部各级、各单位以至组织成员个人正确地进行目标多样化的决策，达到切实可行的“满意解”，并做好各个层次横向的多目标之间的协调配合；（3）如何协助做好纵向各个层次的多目标之间的协调配合，以达到企业总体目标与其各级、各单位以至组织成员个人目标之间的协调一致。

2. 在执行会计方面，执行会计主要关注：（1）管理控制要改变过去依靠行政命令进行强制为主的做法，而代之以充分发挥多种激励因素（物质的、精神的）的作用，依据激励-贡献之间的最佳关系，采取最有效的激励措施，激励、引导企业各级、各单位以至组织成员个人为实现企业的总体目标做出最大贡献，并使他们同时感觉到他们各自的目标（需求）也可从中得到最好的满足。这对于充分调动企业各级、各单位以至组织成员个人的积极性极为重要。而要找出激励-贡献之间的最佳关系，就要认真分析各种激励因素“相对作用力量”的大小，它既因人而异，对同一个人也会因时而异。（2）绩效的计量、评价和控制要采用多样化的指标体系，既包括货币形式的指标，也包括非货币形式的指标；既包括反映物质因素的指标，也包括反映精神因素的指标，借以最有效地调动企业内部各级、各单位以至组织成员个人的积极性，促使他们遵循局部与整体“目标一致性”的原则，最好地完成预定的目标体系，并从中总结经验教训，为下一阶段提出较高或恰当的目标奠定基础。

第四节　企业运营流程管理会计

一、管理会计与流程管理概述

企业必须通过流程来实现公司的战略规划和重大决策。流程管理成为战略和决策得以有效贯彻执行的关键。流程的最初含义是指水流的路程。在企业管理中，我们引申为事物进行中的次序或顺序的布置和安排，或指由两个及以上的业务步骤完成一个完整的业务行为的过程。

英国皇家特许管理会计师协会（CIMA）2015 年发布的《管理会计师的基本工具：支持企业取得可持续成功的工具和技术》中提出：“在管理会计领域，有着多如繁星的工具、方法和技术。”当我们打开各类管理会计的教材和著作，扑面而来的是成本性态分析、本量利分析、标准成本、战略成本、作业成本、全面预算管理、责任会计、绩效评价等各类工具。这些教材和著作都分开来一一详细论述了这些工具各自的具体应用问题。

这些教材和著作存在的首要问题是：几乎没有教材和著作去分析我们为什么要用这些工具——“为什么要用”的问题比“具体怎么用”的问题更为关键。如果在实践中企业管理根本不需要这些工具，那么所有的学习就都是无用功。

现有的各类管理会计教材和著作存在的第二个问题是：所有的工具、技术和方法都是割裂开来一一论述，预算与成本、成本和责任会计等，在教材中看起来好像不存在任何关系，任何工具拿出来都可以独立成章。显然，这不符合企业的管理实际——所有的管理会计工具之间都是互相嵌套、互相影响、难以割裂的。管理会计如果要具有生命力，各类工具就必须与企业形成血脉相连的关系。因此，在管理会计的实践中，必须考虑不同工具的逻辑关系，并且使管理会计的不同工具在一个企业的实践中有效融合。

从融合的角度来看，管理会计在企业中的实践有多重境界：第一重境界是企业从来不知道管理会计的存在，没有任何最基本最起码的管理会计的应用；第二重境界是企业意识到了管理会计的重要性，并引入了各类管理会计工具，但是所有管理会计工作都是财务部门自己在做，业务部门几乎没有参与进来，结果没有一样管理会计工具是能够真正发挥作用的；第三重境界是企业引入了管理会计，也确实影响到了各部门的工作，但是业务部门觉得有管理会计还不如没有管理会计来得好，管理会计的应用成为业务部门的一种负担；第四重境界是企业的管理会计融入企业的流程管理中，让人感觉不到管理会计的存在，但是又无处不在应用管理会计——此处无声胜有声，方是管理会计实践的最高境界。

我们认为，企业要达到第四重境界，核心在于：管理会计的各类工具必须通过管理会计与流程管理的有效结合，实现业务和财务的有机融合。通用的总裁斯隆曾经说过："财务不可能离开运营，存在于真空之中。"可以说，在企业管理中，离开业务流程讨论管理会计问题，将使管理会计成为无源之水、无本之木。管理会计必须走进流程，走进业务，这样才具备"行"的生命力。

流程以客户需求为起点，以满足客户需求为归宿，追求经济绩效目标的实现，经济绩效目标在管理会计中则体现为全面预算；流程的过程中，产生成本费用，因此成本管理必须以流程为抓手；流程的过程中，潜藏着各种风险，因此风险管理和内部控制必须嵌套到流程中才能落实；流程的过程中，可能存在着无效的环节和步骤，因此需要运用价值链分析来消除无效部分；流程的过程中，会产生各种质量问题，因此只有改进流程管理，质量管理才能真正发挥作用，流程以经济绩效报告为终点，经济绩效报告即管理会计报告的核心内容。可见，管理会计与流程管理是水乳交融的关系：管理会计通过流程发挥作用，流程运用管理会计来降低成本、控制风险和提升效率及效果。

二、基于管理会计角度的流程设计逻辑

企业的首要职能是实现经济绩效。企业的一切业务流程都应当围绕着经济绩效的目标展开。企业目标对具体业务行为施加的压力，对具体业务流程而言是一种向心力。具体业务流程对于企业整体目标而言有时候可能会发生偏离，从而产生离心力。当离心力的能量足够大的时候，具体业务流程就会脱离企业目标。一切脱离企业目标的具体业务流程都是企业不能容忍的资源浪费和无效运作。为了保证企业具体业务流程对企业目标的向心运动，就需要对具体业务流程可能的离心力施加管理会计的控制。而实现经济绩效为起点的对具体业务流程的管理是管理会计系统的理想状态，因此，对基于经济绩效的业务活动的一切必要管理是管理会计实践的逻辑起点。

为了明确公司业务活动中哪一些是基于企业经济绩效目标，消除业务流程中的不增值环节，我们要进行企业流程再造。企业流程再造，是指由组织过程重新出发，从根本思考每一个活动的价值贡献，然后运用现代的资讯科技，将人力及工作过程彻底改变及重新架构组织内部之间关系。流程再造的核心是面向顾客满意度的业务流程，而核心思想是要打破企业按职能设置部门的管理方式，代之以业务流程为中心，重新设计企业管理过程，从整体上确认企业的作业流程，追求全局最优，而不是个别最优。

在流程再造的过程中，要充分运用信息技术，设计合理的信息交流与沟通的路径。合理的信息交流与沟通路径的设计是流程再造时从管理会计整合的角度看必须完成的重要基础工作。随着信息技术的运用，企业各个部门孤立的信息处理和传输机制被打破，贯穿于企业各个部门基于协同合作和内部业务流程重组的新型信息机制建立起来，公司内部各部门员工可以依托内部信息共享平台方便地进行信息交流，同时与公司外部合作伙伴或客户等的信息交流系统也得以完善。公司信息系统方面，制造资源计划（MRP）和企业资源计划（ERP）得到了广泛的应用。公司各个部门之间的信息交流跨越了孤立的单个部门，覆盖了主要的业务流程，使得公司的战略重点过渡到对业务流程的优化方面，而不是单纯的业务单元的优化。在流程再造时，必须充分考虑管理会计对信息系统中的信息交流路径的需求，理想的状态是实现业务流程、管理会计、信息交流路径的统一和融合。

为了保证业务流程按预定的轨道朝企业经济绩效目标前进，必须通过管理会计实现对业务流程的事先、事中和事后全过程管理。管理会计通过组织结构及授权制度和全面预算管理对业务流程进行事先管理，通过业务循环管理对业务流程进行事中管理，通过会计信息系统以及内部审计进行事后反映，从而确保了全过程管理的实现。因此，管理会计通过五个模块的嵌入，实现与业务流程管理的融合。

三、基于业务流程的全面预算管理

全面预算管理是管理会计的事先管理工具，其本质是一种经济绩效管理系统——在有限资源的约束条件下，以对投入资源的最优配置及对投入产出的过程控制，保证经济绩效目标的实现。

预算管理最初的时候主要是财务部门的财务预算管理，后来随着预算管理在企业中的运用越来越广泛，逐步演变为全面预算管理。全面预算管理上承战略和决策，下接具体业务行为。称为“全面”预算管理是因为预算管理囊括了企业人、财、物方方面面的管理。从全面预算管理与业务流程的关系来看，两者是你中有我、我中有你的关系。预算管理与业务流程的关系如下：

首先，全面预算管理所确定的绩效目标是所有业务流程的起点。预算管理的功能为从企业资源投入角度在第一时点控制全部业务活动的开展与资源的投入。公司的经济绩效必须基于资源配置最优化，预算编制是实现资源最优配置的手段，预算编制过程就是资源配置的过程。企业各部门发起业务流程的时候，必须查看相应的业务预算。全面预算管理需要通过业务流程来得到执行和落实。资源能否如预期般有效运作取决于对已配置资源运作过程的预算执行控制。因此，预算管理必须嵌入所有的业务流程中。

其次，全面预算管理必须基于业务流程来展开。预算编制最基本的逻辑是把企业的目标分解为各部门的分目标，各部门为了实现这些分目标，未来应该做什么事（业务计划），做这些事需要花多少钱或者产生多少收入（预算）——做什么事，花（收）多少钱，编多少预算。预算执行的过程就是各业务部门做事情的过程，而做事情必须按照业务流程的规定，因此预算执行必须有业务流程管理的支持。正因为全面预算管理是以业务流程为基础，所以在预算管理的过程中，企业的所有部门都需要参与到这一工作中——财务部门不可能全部知道其他部门明年具体有哪些目标、要做哪些事情、做这些事情会有多少投入和产出。

基于业务流程的全面预算管理有如下要点：

（一）凡以价值计量的一切资源及运用，都是预算管理的对象。影响公司经济绩效的一切因素都通过预算进行管理。公司的管理通道得到整合，通过预算这一个工具就可以获取公司的业务流、资金流、信息流、人力资源流等全部管理信息并加以管理。

（二）进入预算的资源和业务才可进入实际运作过程。在预算系统下，一切投入必须有预算。预算是所有业务活动的前提和获取资源的唯一途径。

（三）所有进入运作的资源和业务，必须接受不同程度的合理性审核。预算必须跟踪重要业务的投入资源的过程和产出。

（四）预算管理主要依赖基于经济绩效为逻辑起点的业务流程管理对相关业务行为的控制，而不是直接控制所有的具体业务行为。

管理会计中，预算管理是一项重要的工具和方法。在实践中，应当避免一些关于预算管理的错误观点。

首先是预算编制的精确性问题。预算编制准确成了很多财务人员的追求，还有人创造了“HU氏理论”。其实，预算编制准确是伪命题。预算管理是帮助我们按照公司的战略去配置资源创造价值，是帮助我们去改进管理，是一种工具而已。预算的编制是基于我们对未来的预期，而当这种预期真正到来的时候，与我们的设想有所差异，那是理所当然的事情——我们无法让事情按照我们所设想的剧情一成不变地发生。从预算管理和业务流程的关系来说，业务流程化就是预算执行过程，而业务是动态的，因此，预算自然而然也是动态发生的。就“HU氏理论”来说，其存在的一个重大缺陷是：想当然地认为预算管理者掌握了关于未来的充分信息，或者说比主管领导掌握了更多关于未来的信息，而现实情况是没有任何人能够掌握未来的充分而完美的信息，除非是已经过去的历史。

还有就是预算管理与业务流程脱钩严重。很多企业的预算管理已经形成僵化的固定格式，有非常多的各式预算表格，大家把预算填写完毕，预算管理就算完成了——这是典型的为了预算而预算。最后预算就成了财务部门一个部门的事情，全面预算也就成了财务预算。比如，多数企业的预算管理手册中都会提到要采用零基预算方法。零基预算（zem-base budgeting）是指在编制预算时，不考虑以往期间所发生的数额，而是以所有的预算为零作为出发点，一切从实际需要与可能出发，逐项审议预算期内各项成本费用的内容及其开支标准是否合理，在此基础上编制预算的一种方法。但是，按照上述定义，是不可能编制出零基预算的。

其次是预算管理与业绩考核激励的关系问题。很多企业用预算目标是否完成来考核，低于预算目标由于预算未达成而考核不合格，高于预算目标太多由于预算不够精细也考核不合格，这么做结果只能是让大家说谎——报一个自己确保能完成的目标，而不是自己尽最大努力才能完成的目标。

如果不能创造价值甚至妨碍创造价值，预算编制得再准确又有什么用？要实现有效的管理会计，必须“不忘初心，方得始终”，而这个初心，就是经济绩效。

四、业务流程中的风险管理与内部控制

从最近的风险管理和内部控制理论中，我们可以看到，企业的风险管理和内部控制是一个过程——这个过程，就是风险管理和内部控制融入业务流程的过程。风险控制既是财务部门的事情，又不是财务部门的事情，这句话有点绕口，但是很能说明风险管理和内部控制的实质。所有的风控理论和框架都提出要建立一个专职负责风险管理和内部控制的部门，比如，我国财政部发布的《企业内部控制基本规范》第十二条规定：“企业应当成立专门机构或者指定适当的机构具体负责组织协调内部控制的建立实施及日常工作。”因此，风险控制成为财务部门的事情。但是，风险控制的对象是经济活动过程中的风险，而风险的根源在于业务。财务部门本身从事的经济活动过程并不多，经济活动的主要部门是各类业务部门。风险控制最重要的是要让业务部门自身对风险进行控制，而不是仅仅依赖于财务部门。因此，风险控制其实又不是财务部门的事情。概言之，风控应该是整个公司所有部门和员工的事情，而不是财务部门一个部门的事情。如果成为财务部门一个部门的事情，则即便财务部门累得半死，风险也永远无法得到真正有效的控制。

风险来自企业开展的各类业务。如果企业不存在，或者说企业没有任何业务，那么，也就不存在企业的风险管理问题。

从企业业务全过程来看，可以划分为战略规划业务、重大决策业务、具体执行业务以及结果评价业务。相对应地，企业的风险包括战略风险、决策风险、执行风险和评价风险。企业的风险管理和内部控制必须通过对战略规划业务流程、重大决策业务流程、具体执行业务流程和结果评价业务流程管理来实质性地规避、缓解、降低风险，保证企业的风险在可以容忍的程度之内。例如，企业必须设计并执行好战略规划业务流程和重大决策业务流程。一般来说，企业通过良好的公司治理来控制战略和重大决策风险——股东大会、董事会和高级管理层之间进行必要的权力的平衡，将战略和重大决策的建议、制定、批准、执行和监控的职能分开，避免出现一言堂所带来的独断专行。董事会下设战略委员会审核公司现有的战略并制定未来的战略。高级管理层通过公司内部战略规划部门，草拟公司的战略规划并提交董事会。董事会审核公司战略规划通过以后，最终提交股东大会审议批准。

通常，企业需要通过强化合同管理来规范其经营行为，防范法律风险，有效维护自身的合法权益，保证经济绩效目标的实现。因此，企业需要制定符合相关法律法规和企业目标的合同管理制度。但是，如果缺乏合同管理业务流程，将会引起各种风险：合同内容不完整，影响合同履行，致使生产经营受到影响；合同权利义务约定不明确，存在或然风险；合同条款不完善，出现加重企业责任或排除企业权利的情形，不利于企业合法权益的保护；违反相关法律、法规，导致合同不能成立、无效或被撤销；违反相关法律法规、侵害社会公共利益，受到行政或司法惩处；与企业整体绩效目标不一致，损害企业的经济利益。

为了防范各种合同风险，一个比较完整的、融入管理会计的合同管理业务流程包括：

（一）合同依据。合同主办部门应在本部门职责范围和权限内根据公司生产经营计划和预算订立合同。生产经营计划（预算）包括但不限于物资采购计划（预算）、产品销售计划（预算）、大中小修计划（预算）等。

（二）资信调查。合同主办部门应当审查或者配合内部资信管理部门审查拟签约对象的主体资格、资信情况及履约能力等，进行综合分析论证，合理选择签约对象，必要时可提请相关部门予以协助。

（三）文本选择。签订合同时，第一应使用企业法律事务部门颁布的合同示范文本；第二，使用对方在法律事务部门颁布的合同示范文本基础上修改形成的合同文本；第三，使用双方共同拟订的文本；第四，使用对方合同文本。

（四）合同会签及审批。合同主办部门根据合同的性质、种类、关联程度等确定合同会签部门，会签部门一般包括业务关联部门、计划部门、财务部门、法律事务部门等。合同会签的表现形式为《合同会签审批表》。各会签部门根据职责分工对相关条款进行审查，在《合同会签审批表》上发表会签意见。企业可采取业务信息管理系统等电子形式，进行合同审批工作，其审批流程设计应满足合同会签流程的要求。财务部门从企业经济绩效目标的角度对合同发表意见。会签部门有不同意见的，合同主办部门应主动与会签单位协商，取得一致意见；无法取得一致意见的，列出各方的理据，按规定权限报批。履行完会签程序的合同，按规定权限审批。经济类的合同必须经过财务部门的会签。在会签的过程中，会计师们需要按照合同的类别，分别考虑不同的管理会计问题。比如，对于采购合同，会计师们需要考虑采购价格、采购时间、付款条件、采购地点、采购风险等，从而可以帮助企业事先管理好库存，并控制好原材料成本。对于销售合同，会计师们需要考虑销售价格、收款条件、客户资质以及风险等，从而帮助企业获取更高的利润并保证及时收回现金。

（五）文本审核。合同签署前，文本必须经过合同管理员审核。

（六）合同编号。合同文本经过法律审核后，应当在合同签署前按照企业的有关合同规定对合同进行编号。

（七）合同签署。除法定代表人外，签约人应当持有授权委托书，在授权委托范围内签订合同。签约人在获得授权委托书前，不得对外签订合同。

（八）合同盖章。合同签署后，合同主办部门应当按照规定申请加盖合同专用章。盖章时，合同主办部门须同时出示《合同会签审批表》和相应授权委托书。合同一律使用合同专用章。合同超过一页的应加盖骑缝章。合同专用章由法律事务部门统一管理和使用。合同经编号、会签、审批及授权签约人签署后，方可加盖合同专用章，并建立合同专用章使用登记本。合同专用章使用后，应当立即收回并妥善保管。

（九）合同履行。合同履行过程中发生对方违约、履行不能等异常情况时，合同主办部门应及时通知法律事务部门并积极配合专职合同管理员处理。合同履行过程中发生合同纠纷的，按照企业的合同纠纷处理规定进行处理。

（十）合同终结。合同履行完毕后，合同主办单位应向合同管理人员申请办理销号手续，实行合同全过程的闭环管理。

（十一）合同台账和报表。合同管理台账的主要内容应该包括：合同编号、合同名称、标的名称、合同类别、合同金额、履行期限、我方承办单位、我方签约代表、对方名称、对方签约代表、合同文本份数、招标议标及谈判情况、合同审查情况、签订日期、签订地点、履行情况、终结情况、备注等。

（十二）合同检查。企业应当建立合同监督检查制度。

会计师通过多个环节融入了上述合同管理业务流程中：合同依据中包括业务计划和预算，预算管理是管理会计的工具之一；合同会签和审批环节，会计师可以对合同是否符合企业的业务目标和绩效目标开展分析，从而做出是否应当签订合同的判断；在合同台账和报表环节，可以对企业的收款和付款做出预测分析，从而做好资金管理；在合同检查环节，可以评价合同业务流程是否合理并得到有效执行。在此基础上，会计师们可以帮助企业提高合同质量，防范各类合同风险。

五、业务流程与成本管理

（一）业务流程下的成本观念

传统的管理会计中，成本管理是核心内容，也是研究最深入的一个领域。成本性态分析、本量利分析、标准成本、作业成本、目标成本、责任成本、战略成本等成本管理的工具繁多。业务流程产生成本，成本管理只有在业务流程管理中才能实现。这些工具要通过业务流程，整合到一起来运用，比如标准作业成本、以作业成本为基础的目标成本分解，等等。

基于业务流程的成本管理，要求我们更新成本观念。业务流程服务于客户，因此，我们需要从客户的角度来认识成本。传统的成本会计里，只要是企业发生的支出，不管是否对客户有价值，会计师们都会采取各种计算方法，计入成本中。我们想当然地认为成本费用越低越好，然而，成本只有与经济绩效联系在一起的时候，才会对成本管理有正确的认识。德鲁克在《成果管理》一书中指出："成本不是独立存在的。它总是为成果而发生的，至少是在目的上。因此，重要的不是成本的绝对水平，而是付出的努力与成果之比。无论付出的努力有多么省钱或有效率，如果没有成果，它不是成本，而是浪费。如果它自始至终都不能产生成果，它从一开始就是不合理的浪费。因此，机会的最大化是提高付出的努力与成果的比值的重要途径，从而实现对成本的控制和获得低成本。机会的最大化必须摆在第一位；其他成本控制的措施发挥的是补充作用，而不是中心作用。"

经济绩效不是来源于企业内部，而是来源于企业外部。严格意义上来说，企业内部没有利润中心，只有成本中心。于任何业务活动来说，无论是设计、销售、制造还是会计，我们唯一可以确定的是这些业务活动需要企业付出努力，因此产生成本。成果不依赖于企业内部的任何人或受企业控制的任何事情。成果取决于企业外部的人——市场经济中的客户。决定企业付出的努力是否转化为经济成果或是否会落得竹篮打水一场空的总是外部的客户。

根据以上分析，所谓成本，是指客户为获得某些商品或服务，并从中获得全部用途而付出的代价，而不是企业所发生的支出。

（二）有效的成本控制

大多数会计师凭空想象地认为，收入必然与成本相配比，然后，成本会创造收入，而且大多数会计报表也是以这样的假设为基础。但是，这种循环不是一个闭环的回路。收入显而易见地产生用于成本支出的资金。但是，在经营的过程中，任何企业都不可能做到不浪费它所付出的努力——就像任何机器在运转的过程中不可能没有摩擦损失一样。像摩擦可以减少一样，企业坚持不懈地开展成本分析和成本控制，引导企业付出的努力转变为创造收入的活动，企业的绩效和成本绩效是可以大幅提高的。如果没有成本分析和成本控制，成本往往不由自主地分配给什么也创造不出来的活动，分配给完全碌碌无为的活动。

有效的成本分析和成本控制需要遵循以下几个原则：

1. 以客户为出发点定义成本。对于客户有价值的支出才是成本，否则就是浪费。很多企业降低成本的典型计划的目标是让所有活动的成本都减少一点，比如5%或10%，而不是基于成本对于经济绩效的贡献的分析。这种“一刀切”的降低成本的方法多是无效的，在最差的情况下，它易于削弱创造出成果的重要工作，而这工作在启动阶段得到的资金通常满足不了它们的需要。但是，纯粹属于浪费的工作几乎得不到降低成本的典型计划的关注，这是因为它们在一开始就拥有了充足的预算，这非常具有代表性。

2. 与业务流程融合，把整个企业的业务活动视为一个成本流，采取价值链方法，运用价值工程分析每一项业务活动的成本与绩效。在降低成本上，最有效的方法是完全砍掉根本不应做的事情。

3. 着眼于整个企业甚至是整个行业的经济链。单一环节的成本控制有时候会适得其反。例如，为了降低制造环节的成本，企业将调整的负担推给存货和仓储部门。为了减少存货的成本，企业将无法控制的、起伏不定的成本推给了上游的制造环节。在大幅降低某些原材料的价格带来的成本后，企业却不得不处理质量非常差的替代原材料，机械加工的时间更长，速度更慢，成本更高。这样的例子层出不穷。

（三）作业成本法

能够帮助我们实现有效成本控制的方法，就是作业成本法。作业成本法的指导思想是“成本对象消耗作业，作业消耗资源”。作业成本法把直接成本和间接成本（包括期间费用）作为产品（服务）消耗作业的成本同等地对待，拓宽了成本的计算范围，使计算出来的产品（服务）成本更准确真实。作业是成本的核心和基本对象，产品成本或服务成本是全部作业的成本总和，是实际耗用企业资源成本的终结。

传统的成本会计法是按照现行的会计制度，依据一定的规范计算材料费、人工费、管理费、财务费等的一种核算方法。然而，按照传统的成本会计法，不能反映出所从事的活动与成本之间的直接联系，实际成本通常是无法被提取出来的。在传统的成本会计法下，成本会计师必须为企业所花的每一分钱找到出处。由于成本会计师不能证明哪些成本是在制造这个或那个产品的过程中直接产生的，因此他必须分配成本。成本会计师假设所有的非直接成本要么与直接成本成正比例，要么与产品的销售价格成正比例。只要分配的数额只占所有成本的一小部分，即10%或20%，这种做法就是无可非议的。在生产活动中，50年前的情况就是如此。然而今天，在所有成本中，大部分成本都不是直接成本，即大部分成本不是在生产出一个单位的某种产品时产生的，也不只是在这个过程中产生的。只有在外面采购的原材料和物资仍旧可以被视为真正的直接成本。今天，甚至所谓的直接人工成本也不随着单位产量的起伏而波动。无论工厂提供什么样的产品组合，它都是几乎不会发生变化的。无论总产量有多少，大多数直接人工成本甚至都不会发生变化。大多数制造行业和所有服务业的劳动力成本都是与时间有关的费用，而不是与产量或产品数量有关。在现代企业中，除了原材料成本外，其他成本都是随流程的变化而变化，而且是由流程决定的。

而作业成本法相当于一个滤镜，它对原来的成本方法做了重新调整，使得人们能够看到成本的消耗和所从事工作之间的直接联系，这样人们可以分析哪些成本投入是有效的，哪些成本投入是无效的。作业成本法主要关注业务流程，关注具体业务活动及相应的成本，同时强化基于活动的成本管理。作业成本法在精确成本信息，改善经营过程，为资源决策、产品定价及组合决策提供完善的信息等方面，都受到了广泛的赞誉。自20世纪90年代以来，计算机信息技术的普及，使得作业成本法的推广成为可能，世界上许多先进的公司已经实施作业成本法以改善原有的会计系统，增强企业的竞争力。

成本大体上与业务流程中的活动直接成正比例，这种说法很少会让人感到惊讶。例如，5万元订单的处理成本通常不会超过500元订单的处理成本，前者的成本当然不会是后者的100倍；设计一个卖不出去的新产品与设计取得成功的产品，企业要付出同样高的代价；小额订单和大额订单在文案工作的成本上是相差无几的，即都要做相同的工作，如订单的记录、下达生产通知、安排进度、计费和收款等。对小额和大额订单来说，设计、制造、包装、储存和运输产品的成本甚至几乎是相同的。对小额订单来说，实际的制造活动是唯一占用时间比较少的环节；在今天的企业中，这通常是次要的成本因素。其他所有活动需要的时间和处理工作都是相同的。

传统的成本会计法衡量的是工作的成本，例如切割螺纹。作业成本法还记录了非工作的成本，例如机器停机的成本、等待所需的零配件或工具的成本、等待装运的存货的成本和重新加工或拆掉存在缺陷的零件的成本。非工作的成本常常相当于，而且有时甚至超过工作的成本。传统的成本会计法不记录也无法记录这些成本。因此，作业成本法不仅可以更好地控制成本，而且越来越能够控制成果目标的实现。

（四）流程中的作业

会计师在管理会计实践中，需要确定适当的作业单位。在企业的许多作业中，我们如何确定哪一项作业代表着实际的成本结构？一成不变的答案是不存在的。这是由企业的性质决定的，而不是由传统的会计观念决定的。

在许多企业中，发出的发货单的数量是最简单和最容易得到的作业单位。由于企业围绕着发货单的数量来组织占用大量成本的文书处理工作，因此，一张发货单可以相当可靠地成为考察某个产品负担的实际成本的指标。有时，发货量是更方便的作业单位，特别是一张发货单上有许多不同的产品。

某个制造科研用计算机的中型公司认为，为获取一份订单而必须编写的方案数量属于事务处理单位。由于方案涉及大量技术和文书工作，因此，它是真正的成本中心，也是消化公司最有限和最昂贵的资源，即最优秀的技术人才的无底洞。

在某个铝材轧制厂，真正的作业单位是通过热轧环节的生产活动的数量。然而，在同一个公司的冲压车间（生产汽车用水箱或冰箱门把手等产品），恰当的作业单位是熟练的开模工为冲压出任何特定的形状而在准备冲压机的过程中需要的时间（小时）。

对从事商业运营的航空公司来说，最有意义的成本单位是特定航线或特定航班的有效但未售出的座位里程数，即不工作的成本。

对需要投入大量资金的加工业（例如造纸或石油化工）来说，最有意义的成本计算单位可能是时间，即不同的产品实现相同的销售价值（扣除原材料的采购成本）需要的时间。在这种行业中，成本往往取决于运行时间（小时）的长短。

确定哪些作业单位适合于特定企业是管理会计实践的一部分内容。它本身是一大进步，有利于我们了解企业及其经济状况。它还是名副其实的企业决策，既具有重要影响，又存在很大的风险。会计师可以提出有效的选择和结果。管理层的责任是做出最终的决策。

管理者一旦领会了作业成本这个概念（特别是这个概念是通过具体的例子传达的，而不是靠学术论文表达的），通常可以在他们熟知的企业中应用。直觉至少会帮助管理者找到正确的答案。

在特定的企业中完全可能存在不同的作业，它们都可以成为成本单位。我知道在一个大型化工公司中，发货单、帮助顾客使用产品的服务需求的数量和为特殊用途而变更产品的行为都可能被认为是具有代表性的作业单位和真正的成本计量单位。如果同一个产品因采用了不同的尺度而产生截然不同的成本，这些信息实质上是相互关联的。它们至少让企业中的人们认识到，在就他们讨论的产品的优点和经济绩效发表意见时，他们为什么会发生冲突。

在可以把截然不同和独立的操作环节分解出来的企业中，企业可以，而且通常应该可以根据各个操作环节的典型作业确定它们的成本。所有操作环节的成本加在一起就是企业负担的总成本。

第五节 战略绩效评价管理会计

战略绩效评价贯穿企业整个经营管理过程，涉及企业组织的方方面面，因而，它必然涉及众多的理论。这些理论构成战略绩效评价的基础。

一、战略绩效评价概述

战略绩效评价是任何一个经济体系的核心问题，它不仅为企业管理层所关注，而且也为企业利益相关者所关注。

（一）战略绩效评价的内涵阐释

研究企业战略绩效评价，首先必须认识企业战略绩效评价的内涵。绩效，也可以称为业绩、效绩，其英文都是“Performance”，三者之间并没有本质的区别，只是用语略有不同。绩效指的是人们从事某项活动所取得的成果。而评价是指为达到一定的目的，运用特定的指标，比照统一的标准，采取规定的方法，对事物做出价值判断的一种认识活动。正是因为有了人们对客观事物及其运动规律的正确认识，才使得社会各项经济活动不断地向前发展，人们的评价水平也随之不断提高。企业绩效评价就是指人们为了实现生产经营目标，采用科学的方法和特定的指标体系，对照统一的评价标准，对企业一定时期内的生产经营活动成果做出客观、公正的价值判断。

企业绩效评价是贯穿于企业整个管理过程的一个周而复始的持续过程。随着客观经济环境的改变，人们认识程度的提高，它也表现为一个发展的过程。人类社会从工业经济时代到知识经济时代，企业绩效评价体系产生的突破性变化有力地证实了这一点。在工业经济时代，决定企业成败的是有形资产的数量和质量，因而，企业绩效评价的重点在于企业有形资产，重视财务指标，步入知识经济时代，能够给企业带来持续竞争优势的往往是企业的无形资产。由此，企业绩效评价的重心产生了转移，非财务指标得到前所未有的重视。

由于绩效评价指标具有引导企业管理行为的功能，在企业绩效评价过程中，“评价什么，就得到什么”（You Get What You Measured）。反过来看，企业组织想得到什么，就应该评价什么。企业组织想得到的正是企业组织战略之所指。企业组织的绩效评价指标应该围绕企业组织战略而设计。绩效评价指标应该传达并具体化企业组织战略，引导战略实施，从而化战略为行动。这就是战略绩效评价的宗旨。简单地说，战略绩效评价就是以战略为导向，通过战略引导绩效评价指标的设计，通过绩效评价指标引导企业管理行为，从而实现企业组织的战略目标，推动企业可持续发展。

（二）构成企业战略绩效评价系统的要素

一个完整的企业战略绩效评价系统包括评价主体、评价客体、评价目标、评价指标、评价标准、评价方法和评价报告等因素。

1. 评价主体。企业战略绩效评价系统的主体是指谁需要对客体进行评价。从绩效评价的产生及发展来看，它主要是为解决经济活动过程存在的委托代理矛盾而建立的。这些委托人与代理人的矛盾双方构成战略绩效评价系统的主客体。企业所有者、经理人、政府部门以及其他利益相关者都可能成为战略绩效评价的主体。

2. 评价客体。企业战略绩效评价系统的客体，简单地说，就是评价什么。客体由评价主体根据管理需要而确定，它是与评价主体相对应的矛盾另一方。根据管理需要，整个企业、企业各个部门或各类子公司、各级经理人和普通员工都可能成为战略绩效评价的客体。不同的评价客体具有不同的特性。这些特性在设计具体战略绩效评价系统时会直接影响绩效评价指标的选择或设计。

3. 评价目标。企业战略绩效评价的目标就是企业为什么要实施战略绩效评价的原因。也就是说，企业组织通过战略绩效评价希望达到什么目的。企业战略绩效评价目标，根据绩效评价主体的管理需要而定。战略绩效评价目标是绩效评价指标设计和评价标准确定的指南，整个战略绩效评价系统的设计和运行都应该围绕着评价目标而展开。评价目标可以随着社会经济环境的变化而改变，经济体制的变革、企业制度的演变都可能影响评价目标的确定。战略绩效评价系统的目标就是为企业经理人制定合理战略并实施战略提供相关信息。在战略制定阶段，通过绩效评价反映企业组织及其各部门的优势与劣势，有助于企业合理地制定战略；在战略实施阶段，绩效评价的反馈信息有助于企业经理人及时发现问题，采取措施以保证预定战略的顺利实施。

4. 评价指标。战略绩效评价系统依赖于评价指标。或者说，战略绩效评价的依据就是评价指标。评价指标是指对评价客体的哪些方面进行评价。评价指标的选择取决于绩效评价客体的特性和战略绩效评价系统的目标。评价客体本身具有多方面的特性，我们不可能更没有必要了解其全部信息。作为战略管理的有效工具，战略绩效评价关心的是评价客体与战略目标相关的层面。影响企业战略目标实现的关键因素称为关键成功因素，能够计量这些关键成功因素的指标称为关键绩效指标。关键绩效指标是反映企业核心能力增强和战略成功实施的评价指标。除了这些关键绩效指标之外，企业还必须使用日常指标。日常指标是用来监督企业经营活动是否保持在预期范围内，并且当例外事件发生时能及时进行反映的指标。绩效评价指标既包括财务指标如投资报酬率、销售利润率、每股收益等，也包括非财务指标如售后服务水平、产品质量、创新速度和能力等。

5. 评价标准。评价标准是评判评价客体的标准。某项指标的具体评价标准是在一定前提条件下产生的，具有相对性。由于评价目标和评价客体不同，必然要有相应的评价标准与之适应，因此，评价标准是相对的。目前常见的绩效评价标准包括经验标准、年度预算标准、历史水平标准和竞争对手标准（标杆）等。

6. 评价方法。评价方法是企业战略绩效评价的具体手段。有了评价指标和评价标准，还要采用一定的评价方法具体实施评价指标和评价标准，以取得合理的评价结果。没有科学、合理的评价方法，评价指标和评价标准就成了孤立的评价要素，从而失去存在的意义。到目前为止，已经出现了多种评价方法，如功效系数法、综合分析判断法、模糊评价法、主成分法、因子分析法等。

7. 评价报告。评价报告是战略绩效评价系统的输出信息，是结论性的文件。评价报告应集中体现评价目标，形式应力求规范。评价报告一般包括评价主体、评价客体、评价执行机构、数据资料来源、评价方法、评价指标体系、评价标准、评价结果与结论等，有时还应包括企业基本情况、主要财务指标对比分析、影响企业经营的环境、对企业未来发展状况的预测以及企业经营过程存在的问题和改进建议等内容。

值得指出的是，战略绩效评价系统的这些要素并不是彼此孤立的，而是彼此关联的。战略绩效评价系统的运行可以这样描述：特定的评价主体对于特定的评价客体，根据其管理需求确定评价目标，围绕该目标确定相应的评价指标，把它们组合在一起构成指标体系对评价客体的绩效进行评价，并把得到的数据采用一定方法与设定的评价标准进行比较，做出评价报告，从而帮助评价主体确定战略目标是否实现以及应采取何种决策。在这里，评价主体和评价客体的相互作用是战略绩效评价系统的基础，由评价指标、评价标准和评价方法构成的评价指标体系是战略绩效评价系统的核心，而评价指标体系的合理性则直接决定了评价报告的内容与可信度。

二、战略绩效评价的理论依据

如前所述，战略绩效评价涉及众多的理论，这些理论构成战略绩效评价的基础。限于篇幅，这里只能描述其主要理论。

（一）经济学相关理论

这里主要讨论委托代理理论、利益相关者理论及其对绩效评价的影响。

1. 委托代理理论

现代企业理论认为企业是一系列契约的联结点。现代产权经济学的重要内容之一就是委托代理理论（Principal—Agent Theory）。根据委托代理理论，整个社会经济关系都可以归结为委托代理关系。委托代理理论主要研究委托代理关系能否保证委托代理目标的实现以及委托代理关系的潜在问题及其解决办法。协调委托代理关系的途径是契约，而契约问题的实质是信息。契约关系普遍存在着信息不对称，继而衍生出“逆向选择”（Adverse Selection）和“道德风险”（Moral Hazard）两个基本的代理问题。也就是说，在执行契约的过程中，代理人获得某种私有信息，而委托人无法获得这些信息，导致代理人的行为对委托人利益造成损害。委托代理理论是采用经济学方法研究绩效评价问题的主要方法。

2. 利益相关者理论

如前所述，企业是一系列契约的联结点。利益相关者理论认为，企业经理人的决策应该基于企业所有利益相关者的利益。利益相关者包括所有可能有效影响契约或被企业有效影响的个人和组织。这里不仅包括能对契约提出经济要求权的主体，还包括员工、顾客、社区和政府部门。利益相关者理论的一个重要缺陷是它没能取得实证上的充分支持，但是，这并不妨碍它成为企业绩效评价研究和实践的理论基础。利益相关者理论对企业绩效评价的作用在于企业在制定战略目标时要关注所有的利益相关者，因而绩效评价指标体系应反映不同利益相关者的期望。这就要求企业经理人从企业内部、外部顾客、员工以及股东等角度来审视企业的机会，设计出能够评价或平衡不同利益相关者需求的绩效评价系统。

（二）管理学相关理论

这里主要讨论控制理论、组织行为学理论、系统论、权变理论、激励理论和战略管理理论及其对绩效评价的影响。

1. 控制理论

亨利·法约尔在其名著《工业管理和一般管理》提出的管理五大职能（计划、组织、指挥、协调和控制）无论是对理论界还是对实务界都产生了深远的影响。计划和控制工作贯穿于企业管理的全过程，企业组织各层次、各部门、各类人员都在一定程度上和一定范围内从事计划和控制工作。控制职能就是按照计划标准评价计划的完成情况并纠正计划的偏差。控制职能在很大程度上使管理工作成为一个闭环系统。控制理论对企业绩效评价的影响在于：绩效评价是企业管理控制系统的有机组成部分，正如控制和计划的密切联系一样，绩效评价也要与企业的战略规划有机地联系在一起。在制定战略目标时，要考虑如何将这些目标转化为可计量的绩效评价指标，以便在战略实施过程中进行有效的控制。同时，为避免分散精力，企业经理人应抓住重点，在绩效评价指标体系找出关键绩效评价指标。当发现偏差以后也必须及时采取行动，予以纠正。

2. 系统论

系统论的基本思想就是把所研究和处理的对象当作一个系统，分析系统的结构和功能，研究系统、要素、环境三者的相互关系和变动的规律性。把企业作为系统来安排和经营时，就叫作系统管理。系统论对企业绩效评价的影响在于：从系统论的观点出发，企业绩效评价系统是从属于整个企业管理系统的一个子系统，企业绩效评价系统应与企业管理系统的其他子系统相互协调，实现各子系统之间的动态平衡；同时，由于绩效评价涉及企业的各个部门和领域，反映每个部门绩效的指标和所需信息也不相同，因此，必须从系统的观点考虑不同绩效指标之间的关系以及从不同部门获取绩效评价所需的信息。

3. 权变理论

权变理论是 20 世纪 70 年代在美国形成的一种管理理论。它考虑到有关环境的变数与相应的管理观念和技术之间的关系，使企业经理人采用的管理观念和技术能有效地达到企业目标。通常情况下，环境是自变量，管理观念和技术是因变量。环境变量与管理变量之间的关系是权变关系。这是权变理论的核心内容。因此，权变理论的基本思想是组织的控制系统没有一个通用的最好的系统，组织的控制系统设计依赖于组织的特定环境因素和其他因素（称为权变因素）。

权变理论对企业绩效评价的影响在于：对所有企业而言，没有一个统一的、标准的、适用于任何企业的绩效评价系统。绩效评价系统的设计必须建立在对企业内外环境进行分析的基础上，并随着环境变化适时调整。一般而言，企业环境发生变化后，绩效评价系统可能会发生如下变化：（1）关键绩效评价指标发生变化；（2）评价指标体系发生变化；（3）评价标准值发生变化；（4）每个指标的权重发生变化；（5）上述几种变化的组合。

4. 激励理论

激励可以看成是一系列的连锁反应：从需求出发，引起欲望或所追求的目标，促使内心紧张（由于欲望未得到满足），导致实现目标的行动，最后使欲望得到满足。管理学家提出了各种激励理论，如古典管理理论的“胡萝卜加大棒”、马斯洛的“需求层次理论”、赫茨伯格的“激励-保健因素”理论等。激励理论对企业绩效评价的影响在于：应将绩效评价与激励机制联系在一起。如果企业以某种评价指标体系评价绩效，却又根据其他评价指标体系支付薪酬，大多数员工也许可以认可绩效评价体系，但却按照激励机制引导的方向付出努力。如果出现这种情况，企业的战略目标将难以实现。因此，绩效评价体系必须与激励机制有效地结合在一起。企业绩效评价制度是建立激励机制的前提。

5. 战略管理理论

随着企业经营环境的变化，战略管理日益成为企业管理领域的热点。战略管理是一个动态的过程，包括战略规划、战略实施、战略控制和战略修正四个阶段。战略管理理论对企业绩效评价的影响在于：绩效评价与战略管理的四个阶段相适应。绩效评价指标体系设计在战略规划过程中完成。在战略规划过程中，通过环境分析明确实现战略目标的关键成功因素，进而设计出关键绩效指标。在战略实施与控制阶段，进行的绩效评价包括两个方面：一方面是过程评价，另一方面是结果评价。根据设定的绩效评价指标体系，对战略实施过程进行适时监控；在战略实施之后，根据实际结果与目标绩效进行对比分析，反馈于战略，从而修正或调整战略。

三、企业战略绩效评价的发展历程

（一）统计性绩效评价阶段

19 世纪工业革命以后，由于企业规模日渐扩大，产权关系日趋复杂，绩效评价工作也愈显重要。这时，企业的绩效评价指标只是统计性的指标。

由于这个阶段的评价指标主要是成本，因此，又可以将这个时期称为成本绩效评价时期。早期的成本思想与简单的成本计算是随着商品货币经济的出现而萌芽的，并在自然经济的束缚之下形成和发展起来，处于初级阶段的成本会计。早期的成本思想是一种很简单的“降本求利”思想，成本计算也是一种简单的以营利为目的的计算。这个阶段的绩效评价指标就是成本，诸如每码成本、每磅成本、每公里成本等。这种绩效评价带有统计的性质。随着成本会计第一次革命和商品货币经济的发展，工场手工业的出现，原有的在一般商品货币经济条件下仅仅以计算盈利为目的的简单的“降本求利”思想已逐渐被如何提高生产效率，以便尽可能多地获取利润的思想所取代。简单的成本绩效评价越来越不能满足工场手工业的管理需要。于是，在人类早期的成本思想和简单成本绩效评价的基础上出现了较为复杂的成本计算和绩效评价。19 世纪末，随着市场经济的进一步发展和竞争意识的加强，这种较复杂的成本会计核算与评价制度不能满足企业最大限度地提高生产效率以攫取利润的要求。这是因为已有的成本核算是事后的分析计算，反应迟钝，不便于成本控制。于是，1911 年，美国设计了最早的标准成本制度，实现了成本会计的第二次革命。标准成本及差异分析制度的建立，实现了成本控制，从而提高了劳动生产率，工人的潜能被大大地挖掘了出来。标准成本制度的建立，标志着人们观念的转变，由被动的事后反映转变为积极、主动的事前预算和事中控制，达到了对成本进行事前管理的目的。成本控制的状况即标准成本的执行情况和差异分析结果成为该时期评价企业经营绩效的主要指标。

（二）财务性绩效评价阶段

从 20 世纪开始，西方财务学者对企业财务绩效评价方法进行了比较深入而系统的研究。从总体上看，这个阶段的绩效评价是奠基于企业财务报表的财务绩效评价，包括财务报表分析、企业内部责任中心绩效评价和综合财务分析体系。

1. 财务报表分析。企业的资产负债表、利润表和现金流量表包含大量的数据，可以根据评价的需要计算出很多有意义的指标。这些指标可以分为偿债能力指标、盈利能力指标、营运能力指标、现金流量指标、发展趋势指标等。通过对这些指标的分析，可以对企业的经营绩效进行评价。在不同的环境背景下，对不同的财务绩效评价指标会有所侧重。有关财务报表分析，已经形成了一门成熟的学科，有许多专著对其进行论述，因此，这里不再赘述。

2. 企业内部责任中心绩效评价。企业内部责任中心绩效评价是责任会计制度的具体应用。它的具体方法包括：划分责任中心，为不同责任中心制定绩效指标（财务指标），评价不同责任中心的绩效，做出绩效评价报告。确定责任中心是绩效评价的前提。根据不同责任中心的控制范围和责任对象的特点，可将其分为成本中心（包括费用中心）、利润中心和投资中心。由于不同责任中心的职权范围不同，责任预算的内容、各责任中心的具体评价指标和方法也有所不同。

3. 综合财务分析体系。综合财务分析体系包括：（1）沃尔评分法。财务状况综合评价的先驱者是美国的亚历山大·沃尔（Alexander Wall）。19 世纪后期，由于企业生产规模不断扩大，外部融资数额日益扩大，银行需要根据企业的财务报表来判断企业的还本付息能力。沃尔在其 20 世纪初出版的《信用晴雨表研究》和《财务报表比率分析》提出了信用能力指数的概念，把若干个财务比率用线性关系结合起来，评价企业的信用水平。他选择了七种财务比率，分别给定了其在总体评价所占的比重，总和为 100 分。然后确定标准比率，并与实际比率相比较，评出每项指标的得分，最后求出总评分。从理论上说，沃尔评分法未能证明为什么要选择这七个指标，而不是更多或更少些，以及未能证明每个指标所占比重的合理性。这个问题至今仍然没有从理论上解决。沃尔评分法从技术上看也有一个问题，就是某一个指标严重异常时，会对总评分产生不合逻辑的重大影响。这个缺陷是由相对比率与比重相“乘”引起的。财务比率提高一倍，其评分增加100%；而缩小一倍，其评分只减少50%。尽管沃尔评分法在理论上还有待证明，在技术上还有待完善，但它还是得到了一定程度的应用。(2) 杜邦财务分析体系。从20世纪初，企业逐渐向跨行业经营的大规模企业集团方向发展，有关各方都迫切需要一套企业绩效评价指标。多元化经营和分权化管理为绩效评价的进一步创新提供了机会。大约在1919年，杜邦（Dupont）公司创立的以投资报酬率（ROI）为中心的杜邦财务分析体系，解决了集权组织企业内部财务控制问题，为企业整体及其各部门的经营绩效提供了评价的依据。杜邦系统的基本原理是将财务分析与评价作为一个系统工程，全面评价企业的偿债能力、营运能力、盈利能力及其相互之间的关系。投资报酬率在集权管理时代发挥了重要作用，但随着企业规模扩大，分权式的组织模式使投资报酬率的应用导致企业整体利益与局部利益矛盾。20世纪50—60年代，美国通用电气公司（GE）创立的剩余收益（RI）弥补了投资报酬率的这个缺陷，在一定程度上协调了企业整体利益与局部利益的关系。杜邦财务分析体系在企业管理中发挥的巨大作用奠定了财务指标作为绩效评价指标的统治地位，也成为综合财务分析体系的代表。(3) 其他综合财务分析体系，如坐标图评价法、雷达图评价法等。

（三）战略性绩效评价阶段

20世纪90年代，企业的宏微观环境发生了巨大变化。企业经营环境的巨大变化必然对企业绩效评价制度提出新的要求，而传统的基于财务报表的绩效评价系统大多离不开对财务指标的分析，在现代市场竞争环境下，各种不确定因素对企业前景有着众多影响，仅仅通过一些财务指标已经难以满足企业绩效评价的需要，并存在种种的局限。

第一，只能反映过去的绩效，并不能提供创造未来绩效的动因。财务绩效评价系统往往仅限于评价财务指标，然而，财务指标是综合性的事后指标，只能对企业经营决策和活动的最终结果进行评价，财务指标信息使用者可以从财务指标上判断企业的绩效是否得到了改善，但不能了解绩效改善或恶化的原因。至于驱动企业经营业务的一些关键因素是否得到改善，是否朝着战略目标迈进，仍然无从知晓，从而使得战略制定与实施之间留下缺口，造成战略制定与战略实施严重脱节。

第二，缺乏与企业战略经营目标的联系，容易产生短期行为，不能适应战略管理的需要。以财务指标作为考核企业绩效的标准，而不考虑顾客满意度、市场占用率和产品质量等非财务方面的贡献和绩效，会导致企业经理人急功近利，只注重短期经营效果，而忽视企业的长期发展战略，不愿意进行减少当期收益而对企业长期发展有利、能提高企业价值的投资，如研究与开发等，从而与企业价值最大化的基本目标相背离。例如，有些企业不注重研究与开发新产品、提高技术能力，不注意市场份额的丧失，从财务指标来看可能其绩效还较好，但长期来看，企业可能很快衰退，难以在竞争中取胜。

第三，不利于管理决策。财务绩效评价指标由于太“财务数据”化而不能与企业正在进行的作业活动相联系，因而不能有效地提供管理决策所需要的信息。例如，企业经理人要做出购买新设备的决策，仅靠财务数据则无法得出。

第四，容易导致绩效操纵行为，特别是仅以少数财务指标作为考核标准时，更容易被操纵。由于绩效考核往往是制定报酬、决定聘任、提升与否等契约的依据，为了实现其经济和政治目标，经理人存在盈余管理和绩效操纵的动机，通过选择会计政策或通过关联交易来粉饰报表，美化财务绩效。

由于20世纪90年代之前的财务绩效评价存在以上种种局限，而随着新经济时期的到来，竞争在全球范围内的加剧，企业要想生存与发展，就必须有战略眼光和长远奋斗目标，新的竞争现实对企业绩效评价系统提出了新的要求。自20世纪90年代以来，许多学者针对传统绩效评价系统的缺陷，结合新经济环境，对绩效评价理论进行了较深入的研究，并取得了许多对企业绩效评价实践具有指导作用的理论成果。这些新的理论成果都不同程度地考虑了战略因素，以战略为导向或核心设计绩效评价指标体系。因此，我们将这个阶段的绩效评价称为战略绩效评价阶段。

第六节　激励与报酬管理会计

企业组织管理过程的实质就是调节、引导人的行为过程。也正因为人的“有限理性”，企业组织才能通过各种激励机制与报酬形式的设计，引导甚至改变人的行为，使“有限理性”的人的行为有助于实现企业组织的目标。因此，激励机制与报酬形式的设计涉及许多理论。

一、激励与报酬的理论基础

如前所述，激励机制与报酬形式的设计涉及许多理论。限于篇幅，这里主要讨论企业理论、人力资本理论和管理激励理论。

（一）人力资本理论

紧随新制度经济学变革之后，与企业激励理论密切联系的人力资本理论异军突起，“资本雇佣劳动”正受到“劳动雇佣资本”的挑战。

20世纪50年代，美国经济学家在解释经济成长时，发现在考虑了物质资本和劳动力增长后，仍有很大一部分经济成长无法解释。舒尔茨、明塞及后来的贝克尔等人把这一无法解释的部分归功于人力资本，从而掀起了人力资本的“革命”。舒尔茨和贝克尔还因此获得了诺贝尔经济学奖。舒尔茨、贝克尔等的人力资本理论突破传统资本理论的资本同质性假设。资本同质性假设是指所有的资本是相同质量的，它们只存在数量的区别，等量资本可以获取等量利润，现实中存在的各种各样的资本形态（指资本品）可以转化为同质资本。资本同质性假设显然扼杀了资本的非同质性，将资本过于抽象化。事实上，同质性假设不符合现实，不同的人力资本在价值创造的作用差别很大。例如，企业家的人力资本与一般员工的人力资本在质上就存在很大差别。这表现在企业生产经营活动中，企业家的作用要比员工的作用大得多。人力资本理论为现代企业激励问题提供了重要的理论依据。

（二）管理激励理论

与经济学所研究的主体及对象不同，自20世纪初以来，管理学家、社会学家和心理学家们从不同的角度研究如何激励人的行为，并提出了许多管理激励理论。简要地说，管理学的激励理论可以分为内容理论与过程理论。

1. 内容理论

内容理论主要研究员工的动机和需求（Motives and Needs），试图揭示激励人们工作的内容是什么。这类理论主要包括马斯洛的需求层次理论、赫茨伯格的双因素理论、奥德弗的ERG理论及麦克莱兰的三种需求理论。马斯洛的需求层次理论认为，人类基本需求的满足具有层次性，按其重要性依次为生理需求、安全需求、社会需求、尊重需求和自我实现需求。当一种需求得到满足后，另一种高层次的需求就会占据主导地位，也就是说，当某一层次的需求获得满足后，这种需求便不再有激励作用。如果希望激励某人，就必须了解此人目前所处的需求层次，然后着重满足该层次的需求。赫茨伯格总结出与工作满意或不满意有关的因素，并将前者称为激励因素，后者称为保健因素，即防止产生不满意情绪的因素。奥德弗把人的需求分为存在需求、关系需求和成长需求等三类。麦克莱兰认为，个体在工作环境中存在三种主要的动机或需求，即成就需求、权利需求和归属需求①。

2. 过程理论

过程理论主要研究激励的过程如何运作，即如何引发人的动机，是什么内容给了它方向，是什么使得它继续，以及一旦行为不当如何使之消除。过程理论更关注激励的认知前提，试图理解激励的方法而不是内容。过程理论主要包括弗鲁姆的期望理论、亚当斯的公

---

① 胡玉明. 管理会计研究［M］. 北京：机械工业出版社，2007：217.

平理论、洛克的目标设定理论、斯金纳的强化理论等。期望理论认为，当人们预期某一行为能给个人带来既定结果，且这种结果对个体具有吸引力时，个人才会采取该特定行为。公平理论认为，员工首先思考自己收入与付出的比率，然后将自己的收入与付出比率和相关员工的收入与付出比率进行比较，如果员工感觉到自己的收入与付出比率与其他员工相同，则为公平状态；如果感到两者的收入与付出比率不相同，则产生不公平感，并采取行动纠正这种情景。目标设定理论认为，对于具有一定难度且具体的目标，一旦被接受，将会比容易的目标更能激发高水平的工作绩效。强化理论认为，行为是其结果的函数，当人们因采取某种理想行为而受到奖励时，人们最有可能重复这种行为。当这种奖励紧跟在理想行为之后，奖励最为有效。当某种行为没有奖励或受到惩罚时，则重复的可能性就非常小。

二、激励报酬的类型

其实，激励是通过报酬体现出来的。由于人的需求层次与偏好不同，报酬形式的设计应该从“偏好入手”，选择适当的激励报酬方式。

（一）按照激励报酬是否与绩效挂钩划分

根据激励报酬是否与绩效挂钩，报酬可以分为：

1. 与绩效无关的报酬。如工资，它是根据激励对象的工作年龄、学历、经历、级别等因素而制定的固定支付方式。

2. 与绩效挂钩的报酬。这又可以按其绩效基础分为：（1）基于会计基础绩效的报酬，如年度奖金计划或长期绩效计划（Long-Term Performance Plan）。其中，年度奖金计划是与企业经营绩效相联系的一种激励形式。这种经营绩效以净收益、净资产报酬率、销售收入增长率等短期会计指标为主。长期绩效计划是指事先设定一个较长时期（通常为三年至五年）的绩效目标，如果经理人实现了这些绩效目标就可得到报酬奖励。奖励可以是现金或股票或两者兼而有之。长期绩效计划又可以细分为绩效股票计划（Performance- Share Plan）和绩效单位计划（Performance-Unite Plan）。绩效股票是指企业根据经理人的绩效水平，将普通股作为长期激励形式支付给经理人，企业通常在年初确定绩效目标，如果经理人在年末达到预定目标，则企业授予其一定数量的股票或提取一定的奖励基金购买企业股票，由于它要受计划期间股票市场价格变化的影响，因此，它实际上包含了市场基础绩效因素。绩效单位是指按绩效单位奖励现金，它只受绩效目标完成情况的影响。典型的绩效目标以会计基础绩效表征，如在特定时期内的每股收益的增长率等指标；（2）基于市场基础绩效的报酬，如股票期权（Stock Option）、限制性股票（Restricted Stock）、股票增值权（Stock Appreciation Right）和虚拟股票（Phantom Stock）。股票期权是现代企业剩余索取权的一种制度安排，它是指企业赠与经理人的一种选择权利（而非责任或义务），经理人可以在一定期限内按照某一既定价格购买一定数量本企业股份。限制性股票是指企业赠与经理人一定数量的股票，但这些股票的再出售或转让受到限制。当然，通常限制也有一定期限。股票增值权是指赠予经理人的一种在一定期间内获得一定数量的股票的增值额（股票增值权赠予日和合约约定期末的股票市场价格之间的差额）的权利。虚拟股票是指企业授予经理人一种“虚拟”的股票，经理人可以据此享受一定数量的分红权和股票升值收益，但没有所有权，没有表决权，不能转让和出售，经理人如果离开企业，自动失效。

（二）按照激励报酬是否属于直接的现金收入划分

根据激励报酬是否属于直接的现金收入，报酬可以分为：

1. 现金报酬。工资与年度奖金等年度报酬合称为现金报酬。

2. 以股票为基础的报酬。股票期权、限制性股票、股票增值权等非现金报酬称为以股票为基础的报酬，也可称为所有权激励。

（三）按照激励报酬是否递延至未来期间支付划分

根据激励报酬是否递延至未来期间支付，报酬可以分为：

（1）年度报酬。这包括工资、年度奖金以及其他短期激励（如当期利润分享计划）。

（2）递延报酬。递延报酬包括任何一种经理人实际收到报酬日期递延至未来期间的现金或股票报酬。例如，“金手铐”就是指将经理人已赚取到的奖金递延至未来三年至五年支付的一种计划。以股票为基础的报酬通常都是递延报酬。

（四）按照激励报酬是否直接以货币形式表现划分

根据激励报酬是否直接以货币形式表现，报酬可以分为：

（1）经济性报酬。这包括以工资、奖金、津贴、福利为主要内容的薪金，以及以股票、股票期权为主要内容的股权激励。

（2）非经济性报酬。这是指不直接以货币形式表现出来的激励形式，包括舒适的办公环境，各种荣誉，参与决策、挑战性工作、感兴趣的工作，上级或同事的认可与内部地位、学习与进步的机会，多元化活动，就业的保障等。

第三章 管理会计与信息化

第一节 信息化时代对管理会计的影响

信息化已经对多数企业的商业模式产生了重大甚至决定性的影响，互联网电子商务正在重新定义企业的价值链。企业内部及企业与外部之间的反应越来越快，可以实现即时沟通，导致价值链中诸多的环节被取消。比如，线上替代线下，导致很多零售行业面临困境，甚至导致原先的线下票务代理公司直接消失，诸如此类，不胜枚举。

管理会计必须了解一日千里的信息技术和日益复杂的互联网电子商务环境，这样才能在未来的竞争中获得成功。电子商务项目对管理会计而言，意味着一个为企业增值，从而实现管理会计目标的机会。大中型企业应当考虑建立企业资源计划系统（enterprise resource planning，ERP）。企业资源计划系统，是指在信息技术基础上，以系统化的管理思想，为企业决策层及员工提供决策运行手段的管理平台。ERP 系统集信息技术与先进的管理思想于一身，成为现代企业的运行模式，反映电子商务对企业合理调配资源，最大化地创造社会财富的要求，成为企业在信息时代生存、发展的基石。

信息技术给管理会计的发展带来的第一个重大机遇，是将会计师从烦琐的账簿中解放出来，会计师可以投入更多的时间和精力从事更有价值的管理工作——会计师具备了从记账员转型为管理者的前提和基础。在 20 世纪 80 年代初，对全球性的集团公司来说，在年度结束后 24 小时内出财务报告，简直是天方夜谭：下属分（子）公司的手工会计处理到形成报告，再从分（子）公司传真到集团公司汇总合并，中间需要对数据差错进行反复核对和确认，出具财务报告是费时费力的活儿。在今天，对于管理优秀的公司，在年度结束后 24 小时内出具财务报告，已成为一种现实。很多基础的标准化、程序化工作，都已经由计算机系统自动完成，比如账务的核对、电子凭证的制作、报表的生成、通用财务指标的分析，等等。

信息技术给管理会计带来的第二个重大机遇，是更多管理会计工具的潜能的释放。在手工会计时代，类似作业成本法这样的管理会计工具，虽然理念非常先进，但是使用的成本实在太高，远远超过其所能带来的效益，因此被很多企业放弃。而信息技术下的信息和数据采集能力使这些工具的使用成本大幅降低，从而可以给管理会计的实践提供更多的选择和可能性。

信息技术给管理会计带来的第三个重大机遇，是管理会计需要的大量基础数据和信息及其及时性、准确性得以大幅提升。管理会计的战略规划、重大决策、流程管理以及绩效评价激励，都需要数据和信息的支持。在信息技术普及之前，会计师得到这些数据和信息需要付出极高的成本。

但是，信息技术也给会计师带来了巨大的挑战。首先，信息技术解放了会计师，但是解放之后如果会计师做不了管理会计工作，那么会计师就会被淘汰。其次，信息技术带来的海量数据和信息，需要会计师掌握更强的分析能力，否则就会被数据和信息的海洋湮没而失去自我。

第二节　管理会计信息化及其特征

一、管理会计信息化概述

管理会计信息化是指以计算机网络为主导，将财务会计信息在网络平台上进行加工处理，并传递到相关核算中心，进行相应的会计处理，为企业管理者提供更有质量的财务信息，并能有效地进行财务信息决策，为企业战略发展提供了有价值的资源。管理会计信息化在我国处于发展阶段，现在还需要专业人员对其进行创新，以适应企业的发展需求。

与传统的会计核算方式相比，管理会计信息化通过互联网将财务数据传递，对会计核算和业务处理流程进行重新整合，管理会计信息化在一定程度上实现了财务信息的集成化，使财务核算更加便捷。信J它、集成可以通过三个层次来划分：首先，在财务核算过程中，管理会计信息化将传统的管理会计与财务会计相结合，实现会计信息的完整性和准确性。其次，将企业财务数据与相关联的业务加以整合，进行一体化的管理模式，使得财务信息依托于真实的业务信息，有效地防止了财务数据不准确和不真实的情况发生。最后，信息集成中包括企业内部与外部相关企业的信息集成，而不仅仅是内部信息的集成。信启、集成有利于企业将有效信息进行实时共享，达到企业资源的合理配置，使财务工作人员的效率提高。利用管理会计信息、系统的信息集成方式，既做到了减少财务人员的工作量和错误率，还可以实现集团财务数据的统一。管理会计信息化体系是多元化的，是不断更新并创新的，具有极强的适应力。

在当代快速发展的信息化时代，管理会计信息化的出现极大程度上改善了企业财务核算的方式，是企业财务的一次重大改革。在这样的大背景下，各个大型企业只有加快管理会计信息化的创新，才能在快速发展的经济形势下，顺应时代的潮流，使企业发展战略规划能够快速实现。

二、管理会计信息化的特征

管理会计信息化是将管理会计与信息化技术相结合，管理会计信息化在经济中的作用日渐显著，管理会计信息化具有普遍性、动态性和渐进性三个主要特点。

（一）普遍性。在电子信息技术不断发展壮大的过程中，对于互联网的应用已经是日常生活中必不可少的一部分，而在企业的日常经营活动中，对于互联网的依赖更是有增无减。因此，在管理会计领域，要想更好地发展企业的管理活动，就必然要引入管理会计信息化体系，所以，管理会计信息化在传统核算会计、财务管理等方面是普遍运用的，企业财务领域的发展也需要管理会计信息的支持。现代管理会计信息化依托于电子信息技术的发展，在会计原则、会计核算、会计管理教育领域都有所发展。因此，从当前的管理会计市场上来看，管理会计信息化是普遍适用的。

（二）动态性。管理会计信息化是动态的体系，与企业经营业务相关的会计数据会进行实时更新，并且不论是局部还是广泛的数据，一旦出现问题，就会自动传输到管理会计信息系统中，进行相应的处理。企业财务信息的处理都是实时的，财务信息输入到管理会计信息化系统中，就会自动进行分类处理，将相同核算业务的财务数据进行汇总计算，这个过程全部都是按照设定好的业务处理流程来进行的。财务信息的数据采集过程也是动态的，使得财务数据信息的发布、传输和利用能够实现实时化、动态化，对企业管理者做出正确的决策具有积极的作用。

（三）渐进性。对于会计模式的重新整合，电子信息技术具有一种渐进性，这种渐进的过程大致可以分为三步：首先，将电子信息技术与会计核算工作相融合，建立起一套会计核算的信息化系统；其次，传统的会计核算工作要适应现代互联网的工作方式，就要做出一些修改，而网络信息也应该对传统的会计核算工作做出一些改变，来满足传统会计工作的正常运行；最后，运用现代电子技术对财务工作进行整合，形成管理会计信息化系统，这种渐进的过程，在每一个环节都很重要，都需要专业的技术人员和财务人员进行不断的更新改造。

第三节　财务管理信息化与财务共享

一、财务共享服务模式对管理会计信息化的作用表现

当前，在我国管理会计不断发展壮大的今天，管理会计信息化是每个发展中企业的必经之路，为企业带来巨大收益的同时，还使得管理会计人员的工作效率得以提高。在管理会计信息化不断发展的过程中，新兴起的财务共享服务模式对其提供了促进作用，而管理会计信息化为财务共享服务提供了电子信息平台。两者相辅相成，共同作用于企业，可以在企业中发挥更大的优势，使企业日常核算更加便捷，财务数据更加透明。因此，财务共享服务模式与管理会计信息化相结合是很有必要的。

（一）有利于促进管理会计信息化建设

在企业快速发展的今天，管理会计信息化在各个企业中是必不可少的。管理会计信息化将庞大的财务信息加以整合，以互联网的形式出现在财务人员面前，使得财务人员对数据的核算更加准确和便捷，由此可见，管理会计信息化在现代社会是普遍存在的。

在管理会计信息化的基础上，将财务共享服务模式加以结合，可以使财务共享对管理会计水平的提高做出贡献，让财务共享服务模式快速进入会计行业，促进财务信息化建设，为会计行业的快速发展起到积极的作用。

在财务共享服务模式下，管理会计信息化才能够发挥其最大的优势，在建设财务信息化平台时，降低企业对财务数据采集的难度，并使传统的核算型财务人员减少，减少了企业的运营成本。因此，财务共享服务模式下的管理会计信息化，能够更好地促进财务信息化的建设，为我国管理会计信息化的发展做出了巨大的贡献。

（二）有利于完善管理会计信息化系统

在互联网飞速发展的时期，无纸化、自动化、云端化的财务信息化，可以完成多种业务、多种语言的财务服务模式。现代电子技术的发展越来越快，云技术、大数据、移动互联网等新兴起的信息技术和创新思维，不断地影响着企业的日常运营，同时也会引起企业管理会计信息化的变革。首先，财务管理信息化可以不断地将积累的大数据运用起来，创造出更大的价值。在财务共享服务模式下，大量的财务数据同时产生。其次，财务共享服务模式运用云技术，使财务服务更加便捷。在云计算技术下，企业以最快最好的方式来满

足客户需求，财务的业务流程和信息系统都会发生变化，因此，财务共享服务不断地完善管理会计信息化系统。

（三）有利于提升管理会计信息化水平

管理会计信息化的发展已经非常完善，各个企业内部都普遍应用管理会计信息系统，这种高效、便捷、核算准确且应用简单的系统，是我国财务领域快速发展的重要标志。

管理会计的核心是业财融合，而财务共享中心被认为是业财融合的起点，因此，其建设与完善有利于实现业财融合，可以帮助管理会计信息化发展，提高管理会计水平。财务共享服务模式下管理会计信息化是从以下几个方面来提高管理会计水平的：

首先，降低企业的运营成本。在管理会计的核算中，需要大量的财务人员与其他部门人员进行沟通，来获取相关数据。例如，要计算销售收入就要知道销量和单价，因此，财务部人员需要与销售部人员进行合理有效的沟通。但是进行沟通需要人力物力，这样一来，企业财务人员的工作时间会变长，工作效率会下降，并且对财务信息质量并不能有很好的保障。建立新型的财务共享服务模式下的管理会计信息化，可以减少财务人员的数量，减少沟通成本，从而降低企业的运营成本。

其次，财务共享中心流程再造能力强大，信息技术基础发展良好，有利于通过差旅服务、供应商集中采购、物流服务集中、人力资源集中、客户关系管理集中等措施，为实现财务介入业务前端，对业务前端原始数据的管控能力和真实性提供了可能，这也有利于业财融合的流程再造实施，对提高企业管理会计水平具有重要的意义。

最后，使传统财务人员面临转型。财务共享服务模式下管理会计信息化系统可以代替财务人员完成日常经营业务的核算，因此，可以解放更多的高级会计人员从事业务型财务工作，实现传统财务人员向管理会计方向转型，有利于企业财务部开展业财融合，提高财务精细化程度，使企业的财务决策、经营管理和企业战略制定方面更加完善，从而提高企业的管理会计水平。

二、财务共享服务模式下管理会计信息化的内容

（一）成本管理信息化

随着我国经济的不断发展，我国企业面对的是更加复杂的社会环境，在企业不断扩张的过程中，企业的业务范围不断延伸，由此将会产生更加复杂的成本核算过程，在这种背景下，企业如果还运用过去传统的人工核算方法来进行成本核算和控制，则会适得其反，不但无法使成本降低，还会大大增加企业成本核算的负担，降低财务人员的工作效率。因

此，我国有很多企业已经开始引入基于财务共享服务模式的管理会计信息化，这一模式的兴起，解决了企业成本居高不下和员工工作效率低下的问题。该系统会设置一套统一的成本相关的参数，并有一套统一的成本核算流程，自动从财务共享中心获取有利于核算的财务数据，进行合理有效的财务分析，这一系统可以有效地控制成本，实现企业集团利益最大化。

（二）预算管理信息化

预算管理是每个企业日常经营过程中必不可少的内容，企业通过对各个部门进行预算分析，来完成企业的整体战略规划。通过制定各种预算，能有效地防止企业资源的浪费，并对在职员工起到监督管理的作用。但是传统的预算管理方法比较复杂，需要人工操作，不仅浪费人力资源，又降低了企业预算管理的效率，而且会出现预算松弛的现象，为了避免这些问题的发生，各个大型企业引进了财务共享服务模式下的预算管理信息化体系，通过这一体系，企业将财务共享中心很好地与预算管理相结合，实现了电子化自动预算的目标，企业财务人员只需要将相关的预算参数输入系统中，系统会自动从财务共享中心获取相关数据进行预算的编制过程，并且随着时间的推移，系统会进行预算调整，以适应当前公司的战略方向。

（三）绩效管理信息化

各个大型企业和中小型企业都有绩效考评的方法，绩效考评主要是为了激励员工，并且还能够对员工现有的工作进度进行考察，以此来判断企业本季度或者本年度能否实现战略目标。如今，很多大中小企业，都开始将传统的绩效评价体系转变为绩效管理信息化，信息化的发展为企业带来了许多便利。在绩效管理信息化系统中，企业制定了统一的绩效评价标准，适用于企业内部所有的职能部门，并且部门之间可以相互借鉴比较，激发出员工的积极性，使员工一起为企业的利益而奋斗。

（四）投资管理信息化

企业在发展壮大的过程中需要大量的资金，因此投资管理是十分重要的。投资管理要先制订投资计划，对企业自身的资金和投资对象的经营成果十分了解，并且对投资计划进行有效的监督和控制。在财务共享服务模式下，投资管理信息化水平得以提高，可以自动获取与投资相关的财务数据，并对投资对象进行逐一分析，使企业财务人员把更多的精力投入对公司的决策、运营管理和战略制定中来。企业可以借助投资管理信息系统，定义投资项目、投资程序、投资任务、投资预算、投资控制对象等的基本信息，并在此基础上，制订企业各级组织的投资计划和实施过程，这样一来，投资计划能够进行分解并下达到各个分支机构。在企业财务共享服务模式下，管理会计信息化体系的建设不断地进行创新，使企业内部部门能够充分利用企业的各种资源，做到企业资源的合理配置，以此来提高财务人员的工作效率，提升财务人员的专业素养，给企业未来创造价值。

第四节　财务共享服务模式下管理会计信息化的优化策略

一、保障管理会计信息的安全

（一）加强管理会计信息安全保护

在财务共享服务模式下，企业将集团所有的财务数据进行分类汇总，并上传到财务共享中心进行相关的预算管理、成本控制和绩效考评等工作，但是财务数据是以网络的形式储存在财务共享中心的，通过网络进行传播，因此，数据信息的安全性是十分重要的。为了更好地发展财务共享服务模式下的管理会计信息化，财务工作者要重视数据的安全性问题，可以从以下三方面来保护数据：

1. 对特殊的数据设置访问权限。财务数据在财务共享中心可以被各个部门看到，所以对于那些涉及商业机密的数据，应该及时设置访问权限，只有相关人员才可以有访问权限。

2. 加强用户管理。在对财务共享服务中心进行维护的同时，应该多关注每个用户的使用情况，以免出现用户操作不当或者故意破坏数据的行为，如果出现这些行为，相关网络维护人员应该及时制止，禁止其访问共享中心。

3. 加强共享中心的维护。集团可以通过对设备和网络环境的优化，达到保护数据的目的，从而提高了企业信息和相关数据的安全性。

（二）健全管理会计信息系统

为了保障管理会计信息的安全，还应该对管理会计信息系统进行优化。在管理会计的工作中，管理人员应该完善企业的管理制度，对各个岗位的工作及时监督检查，规范工作流程。在共享中心，要经常进行数据之间的传递和沟通，并建立一套完整的财务管理体系，对企业信息和财务数据能够及时整合，实现共享。一套完善的管理会计信息化体系的建设，可以实现企业财务数据的相对安全，并提高企业财务核算的效率。

（三）重视管理会计信息使用权限和用户管理

在财务共享服务模式下，管理会计信息化的实施对企业的发展提供了很大的助力。

在财务共享中的数据都是通过网络进行储存的，因此数据的安全性有必要得到重视。有一些涉及商业机密的数据，应该进行权限的设置，不同职务人员设有不同的权限。同时，要对管理会计信息、系统进行有效的维护，防止有其他无关人员进入，给企业的财务数据造成损失。

二、积极优化管理会计信息系统的应用

（一）不断扩大云计算的运用

在财务共享服务中心的发展中，云计算的运用具有推动作用。首先，使用云计算可以在一定程度上降低企业运营成本，企业向云计算的供应商交出一部分费用，云计算供应商会负责系统的维护和软件安装工作，与传统的管理会计信息化建设相比较，云计算的引入大大降低了企业的运营成本；其次，云计算利用互联网的方式，使财务人员的工作效率大大提高，云计算的引入，使企业管理会计的发展更进一步，向更高效、更便利的方向发展；最后，企业使用云计算可以实现内外部共同发展，对内可以满足三方协同的管理模式，对外可以实现与外部银行、市场、客户和供应商一起办公，达到协同高效的工作状态。因此，在我国管理会计信息化水平还处于初级阶段的过程中，企业引入云计算是科学的方法来推动管理会计信息化的发展的。

（二）大力支持管理会计软件的开发

管理会计信息化在我国正处于发展的初级阶段，对软件的应用和更新有着很大的依赖性，系统软件的研发进步对我国管理会计信息化水平的发展有很大的影响。因此，企业在扩大云计算应用的基础上，应该着力开发管理会计软件。企业管理人员应该将企业的一部分资金投入软件开发中，并请专业的软件开发人员配合企业财务人员，进行软件的研发。政府也应当给予企业一定程度的补贴和技术支持，以此来推动我国管理会计的发展。

（三）积极完善管理会计信息系统应用程序

对很多大型企业和中小型企业来说，管理会计信息化系统中还存在很多的漏洞，还需要一定的时间来完善系统。管理会计信息化体系在设计和运行程序方面，都存在着一定的问题，并且会计原则和会计假设也需要修改，应该及时更新。所以，管理者应该监督企业

财务人员，使管理会计信息化的水平达到企业需要的高度，这样才能让管理会计发展更加顺畅，也能够更好地为企业服务。

三、加强管理会计复合型人才的培养与激励机制

（一）加快培养管理会计复合型人才

在经济飞速发展的今天，财务共享服务模式为企业带来了很多的便利条件，也对财务人员的专业素质有一定的要求，财务人员不能像传统会计人员一样，只会单一的核算会计，而应该对会计的各个方向都有所了解，对知识的拓展是现代财务人员应该具备的素质。现在很多企业都在进行会计人员的转型，从传统的会计转型成为管理会计，为企业的经营决策、战略规划、运营管理提供更多合理化的建议。企业在培养管理会计复合型人才时，应该多组织一些培训活动，例如，请高校的教授或者行业内有名望的前辈来企业作讲座，鼓励企业财务人员多与教授或前辈进行沟通，同管理会计方面资深的人才进行切磋，有利于企业发展。

财务数据对管理会计信息化系统来说，具有非常重大的作用，管理决策者只有对企业的财务信息有充分的了解，才能在对财务的管理中发挥重要的作用，并对财务人员的转型也有推动作用。

（二）强化管理会计信息化人员职业教育

企业除了要大力培养管理会计复合型人才，还要注重对财务人员的职业道德教育。会计人员要谨记，在工作中不断地提高自己的职业道德水平，通过学习国家法规政策、会计职业道德和会计政策，来监督自己的行为。同时，企业可以设立一个监管机制，对违反职业道德的财务人员进行惩罚，对遵守职业道德的财务人员加以奖励，这样企业的财务人员才能树立起正确的价值观，在会计行业中发展得越来越好。

（三）健全管理会计人员激励机制

在培养管理会计复合型人才和培养财务人员职业道德的同时，还应该完善企业内部管理会计人员的激励机制。首先，企业管理层要多关心员工的生活，多关注员工的需求，并对大多数人的需求进行归纳整理，做出一份详尽的报告。然后，管理层应该与财务经理配合，根据财务工作的工作内容，为员工的每一个需求标注上所应达到的工作内容和工作时间，这样既有利于激励员工，让员工对工作更有兴趣，又使企业更快地达到战略目标。而激励的方式随着时间变化和员工需求的变化而变化，达到最有效果的激励方式。

第四章　财务管理及其环境分析

第一节　财务管理的内涵释义

一、财务管理的含义

企业财务是企业财务活动及其所体现的经济利益关系（财务关系）的总称，它的基本构成要素是投入和运动于企业的资金。

在商品经济条件下，社会产品是使用价值和价值的统一体，企业生产经营过程也表现为使用价值的生产和交换过程及价值的形成和实现过程的统一。在这个过程中，劳动者将生产中所消耗的生产资料的价值转移到产品或服务中去，并且创造出新的价值，通过实物商品的出售或提供服务，使转移价值和新创造的价值得以实现。企业资金的实质是生产经营过程中运动着的价值。

在企业生产经营过程中，实物商品或服务在不断变化，其价值形态也不断地发生变化，由一种形态转化为另一种形态，周而复始，不断循环，形成了资金运动。所以，企业的生产经营过程，一方面表现为实物商品或服务的运动过程，另一方面表现为资金的运动过程。资金运动不仅以资金循环的形式存在，而且伴随生产经营过程不断地进行，因此，资金运动也表现为一个周而复始的周转过程。资金运动以价值形式综合地反映着企业的生产经营过程，它构成企业生产经营活动的一个独立方面，具有自己的运动规律，这就是企业的财务活动。企业的资金运动和财务活动离不开人与人之间的经济利益关系。

综上所述，企业财务是指企业在生产经营过程中客观存在的资金运动及其所体现的经济利益关系。前者称为财务活动，表明了企业财务的内容和形式特征；后者称为财务关系，揭示了企业财务的实质。企业财务管理是按照国家法律法规和企业经营要求，遵循资本营运规律，对企业财务活动进行组织、预测、决策、计划、控制、分析和监督等一系列管理工作的总称。其基本特征是价值管理，管理的客体是企业的财务活动，管理的核心是企业财务活动所体现的各种财务关系。因此，企业财务管理是利用价值形式对企业财务活动及其体现的财务关系进行的综合性管理工作。

企业开展财务管理，就是要充分发挥财务管理的运筹作用，力求实现企业内部条件、外部环境和企业目标之间的动态平衡，并从平衡中求发展，促使企业实现发展战略和经营目标。

二、企业财务活动

资金运动过程的各阶段总是与一定的财务活动相对应的，或者说，资金运动形式是通过一定的财务活动内容来实现的。所谓财务活动是指资金的筹集、投放、运用、回收及收益分配等活动。从整体上讲，财务活动包括以下四个方面：

（一）筹资活动

所谓筹资活动是指企业根据其一定时期内资金投放和资金运用的需要，运用各种筹资方式，从金融市场和其他来源渠道筹措、集中所需要的资金的活动。企业无论是新建、扩建，还是组织正常的生产经营活动，都必须以占有和能够支配一定数量的资金为前提。企业以各种筹资方式从各种筹资渠道筹集资金，是资金运动的首要环节。在筹资过程中，企业一方面要按照适当的资金需要量确定筹资规模；另一方面要在充分考虑筹资的成本和风险的基础上，通过筹资渠道、筹资方式和工具的选择，确定合理的筹资结构。

企业通过筹资可以形成两种不同性质的资金来源：一是权益性质的资金，它是企业通过吸收直接投资、发行股票和以内部留存收益等方式从国家、法人、个人等投资者那里取得而形成的自有资金，包括资本金或股本、资本公积、盈余公积和未分配利润；二是负债性质的资金，企业通过银行借款、发行债券、利用商业信用和租赁等方式，从金融机构、其他企业、个人等各种债权人那里取得而形成的借入资金，包括流动负债和长期负债。

企业将资金筹集上来，表现为企业资金的流入；企业偿还债务本息、支付股利及为筹资而付出的其他形式代价等，则表现为企业资金的流出。这种由于筹资活动而产生的资金的收支，是企业财务管理的主要内容之一。企业筹资活动的结果，一方面表现为取得所需要的货币形态和非货币形态的资金；另一方面表现为形成了一定的资本结构。所谓的资本结构一般是指资金总额内部借入资金与自有资金之间的比例关系。在筹资过程中，企业既要根据发展要求确定相应的筹资规模，以保证投资所需的资金，又要通过筹资渠道、筹资方式或工具的选择，合理确定资本结构，以降低筹资成本和风险，提高企业价值。

（二）投资活动

筹资活动的目的是用资。在企业取得资金后，必须将货币资金投入使用，以谋求取得最大的经济利益，否则，筹资就失去了目的和意义。所谓的投资可分为广义的投资和狭义的投资。广义的投资是指企业将筹集的资金投入使用的过程，包括企业将资金投入到企业内部使用的过程（如购置流动资产、固定资产、无形资产等）和对外投放资金的过程（如投资购买其他企业的股票、债券或与其他企业联营）；而狭义的投资仅指对外投资。

无论企业购买内部所需资产，还是购买各种有价证券，都需要支付资金，这表现为企业资金的流出；而当企业变卖其对内投资的各种资产或回收其对外投资时，则会产生企业资金的流入。这种因企业投资活动而产生的资金的收付，便是由投资而引起的财务活动。企业投资活动的结果是形成各种具体形态的资产及一定的资产结构。所谓的资产结构是指资产内部流动资产与长期资产之间的比例关系。企业在投资过程中，必须考虑投资规模，以提高投资效益和降低投资风险为原则，选择合理的投资方向和投资方式。所有这些投资活动的过程和结果都是财务管理的内容。

（三）资金营运活动

企业在正常的生产经营过程中，会发生一系列的资金收付。首先，企业要采购材料或商品，以便从事生产和销售活动，同时，还要为保证正常的生产经营而支付工资和其他的营业费用；其次，当企业把产品或商品售出后，便可取得收入，收回资金。上述各方面都会产生资金的流入流出，这就是因企业经营而产生的财务活动，又称为资金营运活动。

企业的营运资金，主要是企业为满足日常营运活动的需要而垫支的流动资金，营运资金的周转与生产经营周期具有一致性。在一定时期内，资金周转的速度越快，就越能利用相同数量的资金，生产出更多数量的产品，取得更大的收益。

（四）收益分配活动

企业通过投资活动和资金营运活动会取得一定的收入，并相应实现了资金的增值。由于企业收益分配活动体现了企业、企业职工、债权人和投资者之间的不同利益格局，企业必须依据现行法律和法规对企业取得的各项收入进行分配。

所谓的收益分配，广义来讲，是指对各项收入进行分割和分派的过程；狭义来说，收益分配仅指净利润的分派过程，即广义分配的最后一个层次。

值得说明的是，企业筹集的资金归结为所有者权益和负债资金两大类，在对这两类资金分配报酬时，前者是通过利润分配的形式进行的，属于税后利润分配，后者是通过将利息等计入成本费用的形式进行分配的，属于税前利润的分配。

上述财务活动的各个方面不是孤立的，而是相互联系、相互依存的。正是上述互相联系又有一定区别的各个方面，构成了完整的企业财务活动。

三、企业财务关系的内容

企业财务关系是指企业在进行各项财务活动过程中与各种相关利益主体所发生的经济利益关系，主要包括以下七个方面的内容：

1. 企业与国家行政管理部门之间的财务关系。企业与国家行政管理部门之间的经济利益关系，并不在于政府是企业的出资者，而在于政府行使其行政职能，为企业生产经营活动提供公平竞争的经营环境和公共设施等条件。政府在行使其社会行政管理职能时，为维护社会正常秩序、保卫国家安全、组织和管理社会活动等任务而付出了一定的代价，须无偿参与企业的收益分配。企业必须按照税法规定缴纳各种税款，包括所得税、流转税、资源税、财产税和行为税等，从而形成了企业与国家行政管理部门之间强制与无偿的经济利益关系。

2. 企业与投资者之间的财务关系。企业与投资者之间的财务关系是指企业的投资者向企业投入资本金，企业向其投资者分配投资收益所形成的经济利益关系。企业的投资者即所有权人，包括国家、法人和个人等。

投资者作为财产所有者代表，履行出资义务。投资者除了拥有参与企业经营管理，参与企业剩余收益分配，对剩余财产享有分配权等权利之外，还承担着一定的风险；作为接受投资的企业，对投资者有承担资本保值增值的责任。企业利用资本进行运营，实现利润后按照投资者的出资比例或合同、章程的规定，向其所有者支付报酬。两者之间的财务关系体现着所有权的性质及所有者在企业中的利益。

3. 企业与债权人之间的财务关系。企业除利用投资者投入的资本进行经营活动外，还要借入一定数量的资金，以扩大经营规模，降低资金成本。企业的债权人是指借款给企业的金融机构、公司债券的持有人、商业信用提供者、其他出借资金给企业的单位和个人。与投资者的地位不同，债权人获得的是固定的利息收益，不能像投资者那样参与企业的经营管理和享有剩余收益再分配的权利。但是，债权人有按预约期限收回借款本金和取得借款利息等报酬的权利；在企业破产清算时拥有与其地位相对应的优先求偿权。作为企业债务人，有按期归还所借款项本金和利息的义务。企业与债权人之间的财务关系是指企业向债权人借入资金，并按借款合同的规定按时支付利息和归还本金所形成的经济利益关系，在性质上属于建立在契约之上的债务债权关系。

4. 企业与受资者之间的财务关系。企业与受资者之间的财务关系是指企业以购买股票或直接投资的形式向其他企业投资所形成的经济利益关系。通常企业作为投资者要按照投资合同、协议、章程的约定履行出资义务，以便及时形成受资企业的资本金。受资企业利用资本进行运营，实现利润后应按照出资比例或合同、章程的规定向投资者分配投资收益。随着市场经济的不断深入发展，企业经营规模和经营范围的不断扩大，企业向其他单位投资的这种关系将会越来越广泛。企业与受资者之间的财务关系是体现所有权性质的投资与受资的关系。

5. 企业与债务人之间的财务关系。企业与债务人之间的财务关系是指企业将其资金以购买债权、提供贷款或商业信用等形式出借给其他单位所形成的经济利益关系。企业将资金出借后，有权要求其债务人按约定的条件支付利息和归还本金。企业同其债务人之间的财务关系体现的是一种债权债务关系。

6. 企业内部各经济责任主体的财务关系。企业内部各经济责任主体，既是执行特定经营、生产和管理等不同职能的组织，又是以权、责、利相结合原则为基础的企业内部经济责任单位。企业内部各经济责任主体既分工又合作，共同形成一个企业系统。只有这些子系统功能的协调，才能实现企业预期的经济效益。企业内部各经济责任主体之间的经济往来及企业内部各经济责任单位相互之间的经济往来，不但要进行企业内的经济核算，而且要分清经济责任，进行绩效考核与评价，落实约束与激励措施。企业内部各经济责任单位之间的财务关系体现了企业内部各经济责任单位之间的利益关系。

7. 企业与其职工之间的财务关系。企业职工是企业的经营管理者和劳动者，他们以自身提供的劳动作为参与企业收益分配的依据。企业根据职工的职务、能力和经营业绩的优劣，用其收益向职工支付劳动报酬，并提供必要的福利和保险待遇等。企业与职工之间的财务关系是以权、责、劳、绩为依据的收益分配关系。

企业财务关系体现了企业财务的本质，如何处理和协调好各种财务关系是现代理财家们必须遵循的一项理财原则。

第二节　财务管理目标

财务管理的目标是财务管理研究的一项重要内容，是企业在特定的内外部环境中，通过有效地组织各项财务活动，正确处理好财务关系所要达到的最终目标。

一、财务管理的总体目标

（一）利润最大化目标

利润是企业经济效益的一个考量尺度，是企业在一定期间内取得的收入扣除成本后的差额。追求利润最大化是企业生产经营的出发点和落脚点。

利润最大化的主要优点是企业追求利润最大化，就必须讲求经济核算，加强管理，改进技术，提高劳动生产率，降低产品成本。这些措施都有利于企业合理配置资源，有利于提高企业的整体经济效益。但是，以利润最大化作为财务管理目标存在以下缺陷：

第一，没有考虑利润的实现时间和资金时间价值。比如，今年 10 万元的利润和 10 年前 10 万元的利润其实际价值是不一样的，10 年间还会有时间价值的增加，而且这一数字会随着贴现率的不同而不同。

第二，没有考虑风险问题。不同行业具有不同的风险，同等利润值在不同行业中意义也不相同。如果盲目追求利润最大化，会导致资本规模的无限扩张，会给企业带来更大的财务风险。

第三，利润是个绝对指标，没有反映创造的利润和投入资本之间的关系。

第四，片面追求利润最大化，可能会导致企业的短期行为，影响企业长远可持续发展。

（二）股东财富最大化目标

股东财富最大化是企业财务管理以实现股东财富最大化为目标。对上市公司而言，股东财富是由股东所拥有的股票数量和股票市场价格决定的。当股票数量一定时，股票市场价格是决定股东财富的最重要因素，此时如果股票价格达到最高，股东财富就最大。

与利润最大化相比较，股东财富最大化的主要优点如下：1. 考虑了风险，因为通常股价会对风险做出较敏感的反应；2. 在一定程度上能规避企业的短期行为，因为不管是目前的利润，还是预期未来的利润，都会影响到股价；3. 对上市公司而言，股东财富最大化比较容易量化，便于考核和奖惩。

以股东财富最大化作为财务管理目标存在以下缺点：1. 通常只适用于上市公司，难以应用于非上市公司，因为非上市公司无法像上市公司一样随时准确获得公司股价；2. 股价受较多因素的影响，有些甚至不能完全准确反映企业的经营业绩，如资本市场的投机行为、人为操纵行为、企业的财务舞弊行为等，因此难以准确反映股东的真实财富；3. 股东财富最大化更多强调的是股东的利益，而不够重视其他相关者的利益。

（三）企业价值最大化目标

企业价值最大化是指企业财务管理行为以实现企业价值最大化为目标。企业价值可以理解为企业所有者权益和债权人权益的市场价值，或者企业所能创造的预计未来现金流量的现值。未来现金流量考虑了资金的时间价值和风险价值两个因素，其现值是以资金时间价值为基础对现金流量进行折现计算出来的。

企业价值最大化要求企业通过采用最优的财务政策，充分考虑资金的时间价值和风险与报酬的关系，在保证企业长期稳定发展的基础上使企业总价值达到最大化。

以企业价值最大化作为财务管理目标，主要有如下优点：第一，考虑了取得报酬的时间，并用资金时间价值的原理进行了计量；第二，在评估企业价值时，考虑了风险与报酬的关系；第三，把企业长期、稳定的发展和持续的获利能力放在首位，可以克服企业在追求利润上的短期行为；第四，用价值代替价格，克服了过多外在因素的干扰。

但是，以企业价值最大化作为财务管理目标也存在以下缺陷：一方面，以企业价值最大化作为财务管理目标过于理论化，不易操作；另一方面，对非上市公司来说，只有对企业进行专门的评估才能确定其价值，而在评估企业价值时，由于会受到评估标准和评估方式的影响，很难做到客观准确。

（四）相关者利益最大化目标

现代企业是多边契约关系的总和，企业的理财主体更加细化和多元化，企业在确定财务管理目标时，应综合考虑股东、债权人、职工、供应商、客户等相关者的利益。股东作为企业的所有者，在企业中拥有最高权力的同时，还承担着最大的风险，同时政府、债务人、职工、客户等也承担着一定的风险。因此，在确定财务管理目标时，不能仅仅只强调股东的利益，而忽略了其他相关者的利益。

以相关者利益最大化为财务管理目标的具体内容主要有以下几点：

1. 强调风险与报酬的均衡，将风险控制在企业可以承受的范围内；
2. 强调股东的首要地位，并强调企业与股东之间关系的协调；
3. 强调对代理人即企业经营者的监督和控制，建立有效的激励机制以便企业战略目标的顺利实施；
4. 关心本企业职工的利益，创造优美和谐的工作环境和提供合理恰当的福利待遇，培养职工长期努力为企业工作；
5. 不断加强与债权人的关系，培养可靠的资金供应者；
6. 关心客户的长期利益，以便保持销售收入的长期稳定增长；
7. 加强与供应商的协作，共同面对市场竞争，并注重企业的形象和信誉；
8. 保持与政府部门的良好关系。

以相关者利益最大化为财务管理目标具有以下优点：其一，考虑并满足各相关利益者的利益，避免只考虑股东的利益，有利于企业的长期稳定发展；其二，兼顾了企业、股东、政府、客户相关者的利益，体现了合作共赢的价值理念，有利于实现企业经济效益和社会效益的统一；其三，这一目标是一个多元化、多层次的目标体系，兼顾了各利益主体的利益，可使各利益主体相互作用、相互协调，并在使企业利益、股东利益达到最大化的同时，也使其他相关者的利益达到最大化。

但是，相关者利益最大化的目标过于理想化，在目前的社会环境条件下难以操作。

（五）各个财务管理目标间的关系

企业是市场经济的主要参与者，企业的创立和发展都离不开股东的投入，离开了股东的投入，企业就不复存在，并且，在企业生产运营过程中，股东作为所有者承担着较大的风险和义务，相应也要享受较高的报酬。因此，利润最大化、股东财富最大化、企业价值最大化和相关者利益最大化目标，都是以股东财富最大化目标为基础的。

当然，以股东财富最大化目标为基础，还应考虑各利益相关者的利益。股东权益就是剩余权益，企业在向国家缴纳税款、向职工发放工资福利、给用户提供满意的产品和服务后，才会获得税后收益，因此，其他相关利益者的利益要先于股东被满足。没有股东财富最大化目标，利润最大化、企业价值最大化及相关者利益最大化目标就难以实现。

二、财务管理的具体目标

财务管理的具体目标是为实现财务管理总体目标而确定的企业各项具体财务活动所要达到的目标。

（一）筹资活动的具体目标。企业为了保证正常的生产经营或扩大再生产，必须有一定的资金。企业可以从多种渠道筹集所需资金，如发行股票、银行借款、发行债券等，不同的筹资方式，其筹资成本和筹资风险不尽相同。筹资管理的目标有两个。一是以较小的资本成本，筹集较多的资金。企业的筹资成本包括利息、股利等向出资人支付的报酬和筹资过程中的各种筹资费用。二是以较低的筹资风险，筹集较多的资金。企业的筹资风险主要是到期不能偿还债务的风险。总的来说，筹资管理的具体目标是以较小的资本成本和较低的筹资风险，筹集较多的资金。

（二）投资活动的具体目标。要在投资活动中贯彻财务管理总体目标的要求，首先，必须使投资收益最大化。投资收益是与企业的投资额相联系的，企业投资报酬越多，说明企业的获利能力越强，从而可以提升企业价值。其次，投资存在着一定的风险，企业在尽可能获得较高收益时，还必须降低投资风险。总的来说，企业投资管理的具体目标是认真进行投资项目的可行性分析，力求提高投资报酬，降低投资风险。

（三）营运资金管理的具体目标。营运资金管理作为财务管理的主要内容，如何保障营运活动的顺利开展，减少营运活动中资金的占用，提高资金的使用效率是一个非常重要的问题。因此，营运资金管理的具体目标是在满足企业生产经营活动的情况下，合理使用资金，加速资金周转，不断提高资金的使用效果。

（四）收益与分配管理的具体目标。收益与分配管理是将企业取得的利润在企业与投资者、职工、政府等相关利益者之间进行分割，这种分割涉及利益相关者的经济利益，而且涉及企业现金的流出，会影响企业与相关利益者的关系和企业财务的稳定性。因此，企业应该从全局出发，正确处理好企业与各利益相关者的关系，选择合适的分配方式。总的来说，收益与分配管理的具体目标是采取各种措施，努力提高企业利润水平，合理分配企业利润。

三、财务管理目标的正确协调

企业在经营发展的过程中，存在较多的利益相关者，这些利益相关者之间存在着一定的利益冲突，而且存在这些利益冲突也是正常的。在这些利益冲突中，最重要的是所有者与经营者的利益冲突，以及所有者与债权人的利益冲突，如何正确协调好这些利益冲突尤为重要。

（一）所有者与经营者利益冲突的协调

在现代企业中，当企业所有权与经营权分离后，所有者委托经营者对企业的生产经营活动进行管理，经营者只是所有者的代理人，不拥有占支配地位的股权，所有者期望经营者代表他们的利益工作，实现所有者财富最大化，而经营者则有自身的利益考虑，两者的目标不一致。所有者和经营者的利益冲突体现在经营者在为企业创造财富的同时，希望能获得更多的报酬，并避免各种风险；而所有者则希望支付较少的报酬来实现更多的收益。

为了协调这一利益冲突，通常可以采用以下几种方式：

1. 解聘。这是一种所有者直接约束经营者的办法。所有者对经营者予以监督，如果经营者未能实现企业财务管理目标，就会被解聘。经营者为了不被解聘，就会为了实现企业财务管理目标而努力工作。

2. 接收。这是一种市场约束经营者的办法。如果经营者决策失误，导致企业绩效不佳，该企业就有可能被其他企业接收或兼并，相应的经营者也会被解聘。经营者为了避免被其他企业接收，就会努力实现财务管理目标。

3. 激励。激励就是将经营者的报酬与企业绩效直接挂钩，以使经营者主动采取措施提高所有者的财富。激励通常有以下两种方式：一是股票期权。它是允许经营者以约定价格购买一定数量的本企业股票，股票的市场价格高于约定价格的部分就是经营者所获得的报酬。经营者为了获得更多的报酬，就会主动采取各种措施提高股价，从而增加所有者的财富。二是绩效股。它是企业运用每股收益、资产收益率等指标来评价经营者业绩，并视其业绩多少给予经营者数量不等的股票作为报酬。如果经营者未能达到规定绩效，就会丧失原先持有的部分绩效股。这种方式使经营者为了多得绩效股而不断采取措施提高经营绩效，而且为了每股市价最大化，也会采取各种措施来提高股价，从而增加所有者财富。

（二）所有者与债权人利益冲突的协调

一般来说，债权人把资金借给企业，其目的是到期时收回本金，并获得约定的利息收入；企业借款的目的是用于扩大经营，投入有风险的生产经营项目，获得较大的收益。两者的目标不一致，其冲突通常表现为以下两方面：第一，所有者未经债权人同意改变资金用途，将借入资金用于风险更高的项目，增大了债权人的资金风险；第二，所有者根据企业发展需要举借新债，导致企业的偿债风险相应增大。

所有者和债权人的上述利益冲突，可以通过以下方式解决：一是在借款合同中加入限制性条款。如规定借款的用途、借款的担保条款、借款的信用条件，规定所有者不得举借新债或限制举债额度等。二是收回或停止借款。当债权人发现所有者有侵蚀其债权价值的意图时，可以不再提供新的借款或提前收回借款，从而保护自身权益。

第三节　财务管理环节

财务管理环节是企业财务管理的工作步骤和一般程序，具体包括财务预测、财务决策、财务预算、财务控制、财务分析五个环节。这些环节紧密联系，共同构成了财务管理工作体系。

一、财务预测环节

财务预测是根据企业财务活动的历史资料，考虑现实的条件和要求，对企业未来的财务活动进行科学的预计和测算。通过预测企业各项生产经营方案的经济效益，可以为决策提供可靠的依据；通过预计财务收支的发展变化情况，可以确定企业经营目标；通过测算各项等额和标准，可以为编制预算提供服务。

财务预测的方法主要有定性预测和定量预测两种。定性预测主要是依靠个人的主观判断和综合分析能力，对事物未来的状况和趋势做出的预测；定量预测主要是根据变量之间的数量关系建立数学模型来进行预测的一种方法。

二、财务决策环节

财务决策是在财务战略目标的总体要求下，运用专门的方法对各种备选方案进行比较后，选出最优方案的过程。财务决策是财务管理的核心，关系到企业的兴衰成败。

财务决策的方法主要有经验判断法和定量分析法。经验判断法是决策者根据自身的经验来进行判断选择，常用的方法包括淘汰法、排队法、归类法等；定量分析法则主要包括概论决策法、线性规划法、决策树法等。

三、财务预算环节

财务预算是运用科学的方法，以财务预测提供的信息和财务决策确定的方案为编制基础，对企业计划期内的财务活动所进行的全面预算。它是财务预测和财务决策所确定目标的具体化，是控制财务收支活动、分析生产经营成果的依据。

财务预算的编制方法通常包括固定预算、弹性预算、增量预算、零基预算、定期预算、滚动预算等。

四、财务控制环节

财务控制是在日常生产经营中，按照财务规章制度的要求，以财务预算和各项定额为依据，财务管理对企业的财务活动进行影响和调节，将其控制在制度和预算规定的范围之内，及时发现偏差和纠正偏差，以便实现预算所规定的财务目标的过程。有效的财务控制可以对企业的财务活动加以规范，使企业的财务活动遵循一定的程序和方法，保证企业资金的合理使用和预期目标利润的实现。

财务控制的方法通常有前馈控制、过程控制和反馈控制几种。财务控制是财务预算的具体实施阶段，离开了财务控制，财务活动就会流于形式，从而偏离财务目标。

五、财务分析环节

财务分析是以历史资料和企业财务报表等信息为依据，运用比较分析、比率分析等方法，对财务活动的过程和结果进行调查研究，评价预算完成情况，系统分析企业的财务状况、经营成果、企业未来发展潜力等的过程。

通过财务分析，可以掌握企业各项财务预算和财务指标的完成情况，促使企业改进工作，提高财务管理水平和效率。

综上所述，财务预测、财务决策、财务预算、财务控制、财务分析构成了财务管理的基本环节，这五个环节之间紧密联系、密不可分，形成了财务管理的一个循环过程。财务预测、财务决策、财务预算属于事前控制，财务控制属于事中控制，财务分析属于事后控制，各个环节之间应密切配合，形成科学的财务管理工作体系。

第四节 财务管理环境

企业的财务管理环境又称理财环境，是指对企业财务活动和财务管理产生影响作用的企业内外部的各种条件。任何理财活动都是在一定环境之下开展的，所以，理财首先要分析财务管理环境的现状、变化及其趋势。通过环境分析，提高企业财务行为对环境的适应能力、应变能力和利用能力，以便更好地实现企业财务管理目标。

一、财务管理环境的分类

从系统论的观点来看，所谓环境，就是指存在于研究系统之外的，对研究系统有影响作用的一切系统的总和。那么，财务管理以外的，对财务管理系统有影响作用的一切系统的总和，便构成财务管理的环境。如国家的政治经济形势，国家经济法规的完善程度，企业面临的市场状况，经济全球化的浪潮，信息技术、通信技术、电子商务的蓬勃发展，虚拟公司的兴起等，都会对财务管理产生重要影响，因此，都属于财务管理环境的组成内容。通过财务管理环境的概念可得知，财务管理环境是一个多层次、多方位的复杂系统，它纵横交错，相互制约，对企业财务管理有着重要影响①。

为了能对财务管理的环境做更深入细致的研究，下面对企业财务管理环境进行简单分类：

（一）按照范围划分

按其包括的范围，可分为宏观理财环境和微观理财环境。

宏观理财环境是对财务管理有重要影响的宏观方面的各种因素，其内容十分广阔，包括经济、政治、社会、自然条件等各种因素。从经济角度来看，主要包括国家经济发展的水平、产业政策、金融市场状况等。宏观理财环境的变化，一般对各类企业的财务管理均产生影响。

微观理财环境是对财务管理有重要影响的微观方面的各种因素，如企业的组织结构、生产经营活动、产品的市场销售状况等。微观环境的变化一般只对特定企业的财务管理产

① 杨忠智. 财务管理［M］. 厦门：厦门大学出版社，2015：22.

生影响。

（二）按照企业的关系划分

按其与企业的关系划分，可分为内部财务管理环境和外部财务管理环境。

企业内部财务管理环境是指企业内部影响财务管理的各种因素，如企业的生产状况、技术状况、经营规模、资产结构、生产经营周期等。内部环境较简单，具有能比较容易把握和加以利用等特点。

企业外部财务管理环境是指企业外部影响财务管理的各种因素，如国家政治、经济形势，法律制度，企业所面临的市场状况以及国际财务管理环境等。外部环境构成比较复杂，需要认真调查，搜集资料，以便分析研究，全面认识。

（三）按照变化情况划分

按其变化的情况，可分为静态财务管理环境和动态财务管理环境。

静态财务管理环境是指那些处于相对稳定状态的影响财务管理的各种因素，它对财务管理的影响程度相对平衡，起伏不大。因此，对这些环境无须经常予以调整、研究，而是作为已知条件来对待。财务管理环境中的地理环境、法律制度等，属于静态财务管理环境。

动态财务管理环境是指那些处于不断变化状态的、影响财务管理的各种因素。例如，在市场经济体制下，商品市场上的销售量及销售价格，资金市场的资金供求状况及利率的高低，都是不断变化的，属于动态财务管理环境。在财务管理中，应重点研究、分析动态财务管理环境，并及时采取相应对策，提高对财务管理环境的适应能力和应变能力。

二、影响企业外部财务环境的因素

由于内部财务环境存在于企业内部，是企业可以从总体上采取一定的措施加以控制和改变的因素。而外部财务环境，由于存在于企业外部，它们对企业财务行为的影响无论是有形的硬环境，还是无形的软环境，企业都难以控制和改变，更多的是适应和因势利导。因此，下面主要介绍外部财务环境。影响企业外部财务环境有各种因素，包括政治、经济、金融、法律、技术、文化等许多方面，其中最主要的有经济环境、法律环境和金融环境等因素。

（一）经济环境

企业的理财活动必须融于宏观经济运行中，微观理财主体的投入产出效益和宏观经济环境是密切相连的，因此，才有所谓股市是宏观经济的晴雨表之说。宏观经济环境也是一个十分宽泛的概念，大的方面包括世界经济环境、洲际经济环境、国家或地区的经济环境，小的方面包括行业经济环境、产品的市场经济环境等方面。无论是哪一方面，对其做出正确的分析、评估，是企业采取适应性财务行为，规避风险的基本条件。

1. 经济周期

经济周期是指总体经济活动的扩张和收缩交替反复出现的过程，也称经济波动。每一个经济周期都可以分为上升和下降两个阶段。上升阶段也称为繁荣，最高点称为顶峰。然而，顶峰也是经济由盛转衰的转折点，此后经济就进入下降阶段，即衰退。衰退严重则经济进入萧条，衰退的最低点称为谷底。当然，谷底也是经济由衰转盛的一个转折点，此后经济进入上升阶段。经济从一个顶峰到另一个顶峰，或者从一个谷底到另一个谷底，就是一次完整的经济周期。现代经济学关于经济周期的定义，建立在经济增长率变化的基础上，指的是增长率上升和下降的交替过程。

经济周期的各个阶段都具有一些典型特征，大致如下：

（1）繁荣阶段：该阶段的经济活动水平高于趋势水平，经济活动较为活跃，需求不断增加，产品销售通畅，投资持续增加，产量不断上升，就业不断扩大，产出水平逐渐达到高水平，经济持续扩张。不过，繁荣阶段一般持续时间不长，当需求扩张开始减速时会诱发投资减速，经济就会从峰顶开始滑落。通常当国内生产总值连续两个季度下降时，可以认为经济已经走向衰退。

（2）衰退阶段：该阶段经济活动水平开始下降，消费需求也开始萎缩，闲置生产能力开始增加，企业投资开始以更大的幅度下滑，产出增长势头受到抑制，国民收入水平和需求水平进一步下降，最终将使经济走向萧条阶段。

（3）萧条阶段：这时，经济处于收缩较为严重的时期，逐渐降低到低水平，即低于长期趋势值，就业减少，失业水平提高，企业投资降至低谷，一般物价水平也在持续下跌。当萧条持续一段时间后，闲置生产能力因投资在前些阶段减少逐渐耗尽，投资开始出现缓慢回升，需求水平开始出现增长，经济逐渐走向复苏阶段。

（4）复苏阶段：这时经济活动走向上升通道，经济活动开始趋于活跃，投资开始加速增长，需求水平也开始逐渐高涨，就业水平提高，失业水平下降，产出水平不断增加。随着经济活动不断恢复，整个经济走向下一个周期的繁荣阶段。

在市场经济条件下，企业家们越来越多地关心经济形势，也就是“经济大气候”的变化。一个企业生产经营状况的好坏，既受其内部条件的影响，又受外部宏观经济环境和市场环境的影响。一个企业，无力决定它的外部环境，但可以通过内部条件的改善，来积极适应外部环境的变化，充分利用外部环境，并在一定范围内，改变自己的小环境，以增强自身活力，扩大市场占有率。因此，作为企业家对经济周期波动必须了解、把握，并能制定相应的对策来适应周期的波动，否则将在波动中丧失生机。

经济周期波动的扩张阶段，是宏观经济环境和市场环境日益活跃的季节。这时，市场需求旺盛，订货饱满，商品畅销，生产趋升，资金周转灵便。企业的供、产、销和人、财、物都比较好安排，企业处于较为宽松有利的外部环境中。

经济周期波动的收缩阶段，是宏观经济环境和市场环境日趋紧缩的季节。这时，市场需求疲软，订货不足，商品滞销，生产下降，资金周转不畅。企业在供、产、销和人、财、物方面都会遇到很多困难。企业处于较恶劣的外部环境中。经济的衰退既有破坏作用，又有“自动调节”作用。在经济衰退中，一些企业破产，退出商海；一些企业亏损，陷入困境，寻求新的出路；一些企业顶住恶劣的气候，在逆境中站稳了脚跟，并求得新的生存和发展。这就是市场经济下“优胜劣汰”的企业生存法则。

对企业来说，对经济运行周期阶段的识别与评判是评价经济发展现状、预测经济发展趋势的重要前提，也是企业正确规划财务发展战略、选择财务政策的基本前提。

2. 经济发展状况

经济发展状况是指宏观经济的短期运行特征。国家统计部门会定期公布经济发展状况的各种经济指标，如经济增长速度、失业率、物价指数、进出口贸易额增长率、税收收入以及各个行业的经济发展状况指标等。对各种经济发展状况指标的跟踪观察有利于企业正确把握宏观经济运行的态势，及时调整财务管理策略。任何国家的经济发展都不可能呈长期的快速增长之势，而总是表现为“波浪式前进，螺旋式上升”的状态。当经济发展处于繁荣时期，经济发展速度较快，市场需求旺盛，销售额大幅度上升。企业为了扩大生产，需要增加投资，与此相适应则需筹集大量的资金以满足投资扩张的需要。当经济发展处于衰退时期，经济发展速度缓慢，甚至出现负增长，企业的产量和销售量下降，投资锐减，资金时而紧缺、时而闲置，财务运作出现较大困难。另外，经济发展中的通货膨胀也会给企业财务管理带来较大的不利影响，主要表现在：资金占用额迅速增加；利率上升，企业筹资成本加大；证券价格下跌，筹资难度增加；利润虚增、资金流失。

3. 宏观调控政策

宏观调控政策是政府对宏观经济进行干预的重要手段，主要包括产业政策、金融政策和财政政策等。政府通过宏观经济政策的调整引导微观财务主体的经济行为，达到调控宏观经济的目的。这些宏观经济调控政策对企业财务管理的影响是直接的，企业必须按国家政策办事，否则将寸步难行。例如，国家采取收缩的调控政策时，会导致企业的现金流入减少，现金流出增加、资金紧张、投资压缩。反之，当国家采取扩张的调控政策时，企业财务管理则会出现与之相反的情形。所以，作为微观的市场竞争主体，企业必须关注宏观经济政策的取向及其对企业经济行为的影响，并根据宏观经济政策的变化及时调整自身的行为，以规避政策性风险对企业财务运行的影响。

（二）金融环境

企业总是需要资金从事投资和经营活动。而资金的取得，除了自有资金外，主要从金融机构和金融市场取得。金融政策的变化必然影响企业的筹资、投资和资金运营活动。所以，金融环境是企业最主要的环境因素之一。

1. 金融市场

金融市场是指资金筹集的场所。广义的金融市场，是指一切资本流动（包括实物资本和货币资本）的场所，其交易对象为：货币借贷、票据承兑和贴现、有价证券的买卖、黄金和外汇买卖、办理国内外保险、生产资料的产权交换等。狭义的金融市场一般是指有价证券市场，即股票和债券的发行和买卖市场。

（1）金融市场的分类

按交易的期限分为：短期资金市场和长期资金市场。短期资金市场是指期限不超过一年的资金交易市场，因为短期有价证券易于变成货币或作为货币使用，所以也叫货币市场；长期资金市场，是指期限在一年以上的股票和债券交易市场，因为发行股票和债券主要用于固定资产等资本货物的购置，所以也叫资本市场。

按交易的性质分为：发行市场和流通市场。发行市场是指从事新证券和票据等金融工具买卖的转让市场，也叫初级市场或一级市场；流通市场是指从事已上市的旧证券或票据等金融工具买卖的转让市场，也叫次级市场或二级市场。

按交易的直接对象分为：同业拆借市场、国债市场、企业债券市场、股票市场和金融期货市场等。

按交割的时间分为：现货市场和期货市场。现货市场是指买卖双方成交后，当场或几天之内买方付款、卖方交出证券的交易市场；期货市场是指买卖双方成交后，在双方约定的未来某一特定的时日才交割的交易市场。

（2）金融市场对财务管理的影响

第一，金融市场为企业提供了良好的投资和筹资的场所。金融市场能够为资本所有者提供多种投资渠道，为资本筹集者提供多种可供选择的筹资方式。企业需要资金时，可以到金融市场选择适合自己需要的方式筹资。企业有了剩余的资金，也可以在市场上选择合适的投资方式，为其资金寻找出路。

第二，促进企业资本灵活转换。企业可通过金融市场将长期资金，如将股票、债券变现转为短期资金，也可以通过金融市场将短期资金转化为长期资金，如购进股票、债券等。金融市场为企业的长短期资金相互转化提供了方便。

第三，金融市场为企业财务管理提供有意义的信息。金融市场的利率变动反映资金的供求状况，有价证券市场的行情反映投资人对企业经营状况和盈利水平的评价。这些都是企业生产经营和财务管理的重要依据。

2. 金融机构

金融机构包括银行业金融机构和其他金融机构。社会资金从资金供应者手中转移到资金需求者手中，大多要通过金融机构。

（1）中国人民银行。中国人民银行是我国的中央银行，它代表政府管理全国的金融机构和金融活动，经理国库。其主要职责是制定和实施货币政策，保持货币币值稳定；依法对金融机构进行监督管理，维持金融业的合法、稳健运行；维护支付和清算系统的正常运行；持有、管理、经营国家外汇储备和黄金储备；代理国库和其他与政府有关的金融业务；代表政府从事有关的国际金融活动。

（2）政策银行。政策性银行，是指由政府设立，以贯彻国家产业政策、区域发展政策为目的，不以营利为目的的金融机构。政策性银行与商业银行相比，其特点在于：不面向公众吸收存款，而以财政拨款和发行政策性金融债券为主要资金来源；其资本主要由政府拨付；不以营利为目的，经营时主要考虑国家的整体利益和社会效益；其服务领域主要是对国民经济发展和社会稳定有重要意义，而商业银行出于营利目的不愿借贷的领域；一般不普遍设立分支机构，其业务由商业银行代理。但是，政策性银行的资金并非财政资金，也必须有偿使用，对贷款也要进行严格审查，并要求还本付息、周转使用。我国目前有三家政策性银行：中国进出口银行、国家开发银行、中国农业发展银行。

（3）商业银行。商业银行是以经营存款、放款、办理转账结算为主要业务，以营利为主要经营目标的金融企业。商业银行的建立和运行，受《中华人民共和国商业银行法》规范。我国的商业银行可以分成三类：一类是国有独资商业银行，是由国家专业银行演变而来的，包括中国工商银行、中国农业银行、中国银行、中国建设银行。另一类是股份制商业银行，是1987年以后发展起来的，包括交通银行、深圳发展银行、中信实业银行、中国光大银行、华夏银行、招商银行、兴业银行、上海浦东发展银行、中国民生银行以及各地方的商业银行、城市信用合作社等。最后一类是外资银行。按照中国与世界贸易组织签订的协议，中国金融市场要逐渐对外开放，外资银行可以在中国境内设立分支机构或营业网点，可以经营人民币业务。

（4）非银行金融机构。目前，我国主要的非银行金融机构有金融资产管理公司、保险公司、信托投资公司、证券机构、财务公司、金融租赁公司。

金融资产管理公司的主要使命是收购、管理、处置商业银行剥离的不良资产。

保险公司，主要经营保险业务，包括财产保险、责任保险、保证保险和人身保险。目前，我国保险公司的资金运用被严格限制在银行存款、政府债券、金融债券和投资基金范围内。

信托投资公司，主要是以受托人的身份代人理财。其主要业务有经营资金、财产委托、代理资产保管、金融租赁、经济咨询以及投资等。

证券机构，是指从事证券业务的机构，包括：①证券公司，其主要业务是推销政府债券、企业债券和股票，代理买卖和自营买卖已上市流通的各类有价证券，参与企业收购、兼并，充当企业财务顾问等；②证券交易所，提供证券交易的场所和设施，制定证券交易的业务规则，接受公司上市申请并安排上市，组织、监督证券交易，对会员和上市公司进行监管等；③登记结算公司，主要是办理股票交易中所有权转移时的过户和资金的结算。

财务公司，通常类似投资银行。我国的财务公司是由企业集团内部各成员单位入股，向社会募集中长期资金，为企业技术进步服务的金融股份有限公司。它的业务被限定在本集团内，不得从企业集团之外吸收存款，也不得对非集团单位和个人贷款。自 1987 年我国第一家企业集团财务公司——东风汽车工业财务公司成立之日起，至今全国能源电力、航天航空、石油化工、钢铁冶金、机械制造等关系国计民生的基础产业和各个重要领域的大型企业集团几乎都拥有了自己的财务公司。

金融租赁公司，是指办理筹资租赁业务的公司组织。其主要业务有动产和不动产的租赁、转租赁、回租租赁、委托租赁等。

3. 金融市场利率

在金融市场上，利率是资金使用权的价格，其计算公式为：

利率=纯利率+通货膨胀附加率+风险附加率

纯利率是指没有风险和通货膨胀情况下的平均利率。在没有通货膨胀时，国库券的利率可以视为纯利率。

通货膨胀附加率是由于通货膨胀会降低货币的实际购买力，为弥补其购买力损失而在纯利率的基础上加上通货膨胀附加率。

风险附加率是由于存在违约风险、流动性风险和期限风险而要求在纯利率和通货膨胀之外附加的利率。其中，违约风险附加率是指为了弥补因债务人无法按时还本付息而带来的风险，由债权人要求附加的利率；流动性风险附加率是指为了弥补因债务人资产流动不好而带来的风险，由债权人要求附加的利率；期限风险附加率是指为了弥补因偿债期长而带来的风险，由债权人要求附加的利率。

（三）法律环境

财务管理的法律环境是指企业和外部发生经济关系时所应遵守的各种法律、法规和规章。企业在其经营活动中，要和国家、其他企业或社会组织、企业职工或其他公民及国外的经济组织或个人发生经济关系。国家管理这些经济活动和经济关系的手段包括行政手段、经济手段和法律手段三种。在市场经济条件下，行政手段逐步减少，而经济手段，特别是法律手段日益增多，越来越多的经济关系和经济活动的准则用法律的形式固定下来。同时，众多的经济手段和必要的行政手段的使用，也必须逐步做到有法可依，从而转化为法律手段的具体形式，真正实现国民经济管理的法治化。一方面，法律提出了企业从事一切经济业务所必须遵守的规范，从而对企业的经济行为进行约束；另一方面，法律也为企业合法从事各项经济活动提供了保护。

1. 企业组织法律规范

企业组织必须依法成立。组建不同的企业，要依照不同的法律规范。它们包括《中华人民共和国公司法》（以下简称《公司法》）、《中华人民共和国全民所有制工业企业法》、《中华人民共和国外资企业法》、《中华人民共和国中外合资经营企业法》、《中华人民共和国中外合作经营企业法》、《中华人民共和国个人独资企业法》、《中华人民共和国合伙企业法》等。这些法律规范既是企业的组织法，又是企业的行为法。

例如，《公司法》对公司企业的设立条件、设立程序、组织机构、组织变更和终止的条件和程序等都做了规定，包括股东人数、法定资本的最低限额、资本的筹集方式等。只有按其规定的条件和程序建立的企业，才能称为“公司”。《公司法》还对公司生产经营的主要方面做出了规定，包括股票的发行和交易、债券的发行和转让、利润的分配等。公司一旦成立，其主要的活动，包括财务管理活动，都要按照《公司法》的规定来进行。因此，《公司法》是公司企业财务管理最重要的强制性规范，公司的理财活动不能违反该法律，公司的自主权不能超出该法律的限制。

其他企业也要按照相应的企业法来进行理财活动。

2. 税务法律规范

任何企业都有法定的纳税义务。有关税收的立法分为三类：所得税的法规、流转税的法规、其他地方税的法规。税负是企业的一种费用，会增加企业的现金流出，对企业理财有重要影响。企业无不希望在不违反税法的前提下减少税务负担。税负的减少，只能靠精心安排和筹划投资、筹资和利润分配等财务决策，而不允许在纳税行为已经发生时去偷税漏税。精通税法，对财务主管人员有重要意义。

3. 财务法律规范

财务法律规范主要是《企业财务通则》及有关财务制度。分为三个层次：第一层次是企业财务通则，明确了财政管理边界、投资者与经营者的游戏规则、财务制度的内涵和范围；第二层次是具体财务规范，是关于具体财务行为与财政资金相关的操作性规定；第三层次是企业财务管理指导意见，属服务性公共产品，引导企业形成共同的财务理念。

《企业财务通则》是企业财务管理的基本准则，是各类企业进行财务活动、实施财务管理的基本规范。《企业财务通则》明确其适用于“在中华人民共和国境内依法设立的具备法人资格的国有及国有控股企业”。由于金融企业在资产管理、财务运行、财务风险控制、财政监管等方面具有一定特殊性，财政部专门发布了《金融企业财务规则》，该规则适用于在我国境内依法设立的国有及国有控股金融企业、金融控股公司、担保公司、城市商业银行、农村商业银行、农村合作银行和信用社。

第五章 财务管理理论多维度探索

第一节 筹资管理

财务管理的核心是适时、适量和低成本地筹集并有效运用各项资金，以确保企业一定时期经营目标的实现。所以，财务管理部门必须根据企业具体经营目标的要求，通过对企业编制公司长短期的资金预算和相应计划，来直接制订和实施企业的筹资决策方案。同时，在进行筹资决策时，必须对各种可能的筹资方式、筹资规模和时间、筹资成本和筹资后企业资本结构的变化等多种因素，做综合的比较和分析，选择最合理的筹资方案。

一、筹资概述

（一）企业的筹资动机

筹资是企业根据生产经营等活动对资金的需要，通过一定的渠道，采取适当的方式获取所需资金的一种行为。企业筹资的基本目的是为了自身的生存和发展。具体来说，企业的筹资动机有以下四种：

1. 设立性筹资动机，是企业设立时为取得资本金而产生的筹资动机。

2. 扩张性筹资动机，是企业为扩大生产经营规模或增加对外投资而产生的动机。具有良好的前景、处于扩张期的企业一般具有这样的筹资动机。

3. 调整性筹资动机，是企业因调整现有资金结构的需要而产生的筹资动机。随着企业经营情况的变化，需要对资金结构进行相应的调整。

4. 混合性筹资动机，是企业为同时实现扩大规模以及调整资金结构等几个目标而产生的筹资动机。

（二）筹资的渠道与筹资方式

企业筹资活动需要通过一定的渠道并采用一定方式来完成。

1. 筹资的主要渠道

筹资渠道是指客观存在的筹措资金的来源方向与通道。认识和了解筹资渠道及其特点，有助于企业充分拓宽和正确利用筹资渠道。目前，我国企业的筹资渠道主要包括以下几个方面：

（1）银行信贷资金。间接融资是中国企业最主要的融资方式，而在间接融资中，银行信贷资金又是最重要的方式，因此，银行对企业的各种贷款，成为我国目前各类企业最为重要的资金来源。

（2）其他金融机构资金。其他金融机构主要指的是信托公司、保险公司、租赁公司、证券公司、财务公司等。它们所提供的各种金融服务，既包括信贷资金投放，也包括物资的融通，还包括为企业承销证券等金融服务。

（3）其他企业资金。企业在生产经营过程中，往往形成部分暂时闲置的资金，并为一定的目的而进行相互投资；另外，企业间的购销业务可以通过商业信用方式来完成，从而形成企业间的债权债务关系，形成债务人对债权人的短期信用资金占用。企业间的相互投资和商业信用的存在，使其他企业资金也成为企业资金的重要来源。

（4）居民个人资金。企业职工和居民个人的结余资金，作为游离于银行及非银行金融机构等之外的个人资金，可用于对企业进行投资，形成民间资金来源渠道，从而为企业所用。

（5）国家财政资金。国家对企业的直接投资是国有企业特别是国有独资企业获得资金的主要渠道。现有的国有企业的资金来源中，其资本部分大多是由国家财政以直接拨款方式形成的。

（6）企业自留资金。它是指企业内部形成的资金，也称企业留存收益，主要包括提取公积金和未分配利润等。这些资金的重要特征之一是，它们无须通过一定的方式去筹集，而直接由企业内部自动生成或转移。

不同的筹资渠道提供资金的数量和筹资的方便程度不尽相同。有些渠道的资金供应量比较多，如银行信贷资金和非银行金融机构资金等，而有些相对较少，如企业自留资金等。这种资金供应量的多少，在一定程度上取决于财务管理环境的变化，特别是宏观经济体制、银行体制和金融市场发展速度等因素。因此，企业须根据自身情况以及宏观环境确定适合自身的筹资渠道。

2. 筹资的常用方式

筹资方式是指可供企业在筹措资金时选用的具体筹资形式。筹资管理的重要内容是如何针对客观存在的筹资渠道，选择合理的筹资方式来进行筹资，降低筹资成本，提高筹资效益。目前，我国企业筹资方式主要有以下七种：

（1）吸收直接投资。吸收直接投资，是指企业按照“共同投资、共同经营、共担风险、共享收益”的原则，直接吸收国家、法人、个人和外商投入资金的一种筹资方式，它是形成企业资本金的一种筹资方式。

（2）发行股票。股票是股份有限公司为筹措股权资本而发行的有价证券，是公司签发的证明股东持有公司股份的凭证。股票作为一种所有权凭证，代表着股东对发行公司净资产的所有权。股票只能由股份有限公司发行，是股份公司取得权益资金的基本方式。

（3）发行债券。企业债券是指企业依照法定程序发行、约定在一定期限内还本付息的有价证券。债券表示发债企业和债券持有人之间是一种债务债权关系，债券持有人不参与企业的经营管理，但有按期收回约定的本息，在企业破产清算时，债权人有优先于股东享有对企业剩余财产的索取权。

（4）银行借款。银行借款是指企业向银行或其他非银行金融机构借入的、需要还本付息的款项，包括偿还期限超过一年的长期借款和不足一年的短期借款，主要用于企业购建固定资产和满足流动资金周转的需要。

（5）商业信用。商业信用就是企业在正常的经营活动和商品交易中由于延期付款或预收账款所形成的企业常见的信贷关系。

（6）利用留存收益。留存收益筹资是指企业将留存收益转化为投资的过程，将企业生产经营所实现的净收益留在企业，而不作为股利分配给股东，其实质为原股东对企业追加投资，它是企业筹集权益资金的一种重要方式。

（7）融资租赁。融资租赁是指实质上转移与资产所有权有关的全部或绝大部分风险和报酬的租赁。租赁在实质上具有借贷的属性。融资租赁已成为又一种重要的筹资方式。

（三）筹资的不同类型

企业可以从不同的渠道，利用不同的方式来筹集资金。根据不同的性质可以将它们划分为不同类型，各种类型资金的结合就构成了企业具体的筹资组合。为保证企业筹资组合的有效性，必须正确认识各种不同的筹资类型。

1. 按资金性质的不同划分

企业筹集的资金，按资金性质的不同可分为权益资金和债务资金两类，与此对应，筹资的类型可以分为股权性筹资、债务性筹资和混合性筹资。

（1）股权性筹资。股权性筹资形成企业的股权资金，也称作权益资金、自有资金，是企业依法筹集、长期拥有、自主支配的资金。权益资金由投资者的原始投资和投资积累形成，主要包括实收资本或股本、资本公积、盈余公积和未分配利润等。权益资金的多少，反映企业的资金实力，在相当程度上可以反映企业财务状况的稳定程度以及企业适应生产经营客观环境变化的能力。企业权益资金可以采用吸收直接投资、发行股票和留存利润等方式筹措取得。

（2）债务性筹资。债务性筹资形成企业的债务资金，也称借入资金，是企业通过债务方式取得，依约使用、按期偿还的资金。这部分资金在一定期限内归企业使用，但到期必须偿还，因而其偿债压力大。债务资金包括应付账款、应付票据、银行借款、应付债券及其他各种应付的款项，可采用银行借款、发行债券、融资租赁和商业信用等方式筹措取得。

（3）混合性筹资。混合性筹资是指兼具股权性筹资和债务性筹资双重属性的筹资类型，主要包括发行优先股筹资和发行可转换债券筹资。优先股股本属于企业的股权资金，但优先股股利同债券利率一样，通常是固定的，因此，优先股筹资归为混合性筹资。可转换债券在其持有者将其转换为公司股票之前，属于企业的债务资金，在其持有者将其转换为发行公司股票之后，则属于企业的股权资金。可见，发行优先股筹资和发行可转换债券筹资都具有股权性筹资和债务性筹资双重属性，因此属于混合性筹资。

2. 按资金的使用期限划分

企业筹集的资金，按资金的使用期限可分为短期资金和长期资金两类，与此对应，筹资的类型可以分为短期筹资和长期筹资。

（1）短期筹资。短期筹资是指为了满足企业周转性资金需要而进行的、资金使用期限在一年以内的筹资活动，也称为短期负债筹资。短期筹资方式主要包括短期借款筹资、商业信用筹资、短期债券筹资等。

（2）长期筹资。长期筹资是指为满足企业长期生存与发展而进行的、资金使用期限在一年以上的筹资活动，是企业筹资的主要方面。长期资金主要用于新产品新项目的开发和推广、生产规模的扩大、厂房和设备的更新与改造等。长期筹资方式主要包括吸收直接投资、发行股票、发行长期债券、长期借款、融资租赁等。

3. 按是否通过金融机构划分

企业筹资活动，按是否通过金融机构可以划分为直接筹资和间接筹资两种类型。

（1）直接筹资。直接筹资是指企业不通过金融机构而直接面对资金供应者进行的筹资活动，一般是指通过吸收直接投资、发行股票、发行债券等方式进行筹资。随着金融法规的逐渐健全、证券市场的不断完善，我国居民、企业参与直接筹资的机会大大增加，参与方式也日趋多样化。所以，直接筹资的范围会越来越广。

（2）间接筹资。间接筹资是企业通过金融媒介进行的筹资活动，一般通过银行或其他金融机构进行。这种筹资具有筹资手续简单、效率高、费用低等优点，但筹资范围相对较窄，筹资渠道与方式相对单一。长期以来，间接筹资一直在我国企业的筹资活动中占主导地位。但是，随着金融市场的不断完善，间接筹资的地位比以前有所削弱，尤其是伴随着现代企业制度建设的深化，越来越多的企业把筹资方向转向资本市场，进行直接融资。

4. 按资金来源的范围不同

企业筹资按资金来源的范围不同，可分为内部筹资和外部筹资两种类型，企业一般应在充分利用内部筹资来源之后，再考虑外部筹资问题。

（1）内部筹资。内部筹资是指企业利用内部留存收益而形成的资本来源，是企业内部自然形成的，因此被称为“自动化的资本来源”，一般无须花费筹资费用，其数量通常由企业可分配的利润规模和利润分配政策所决定。

（2）外部筹资。外部筹资是指企业在内部筹资不能满足需要时，向企业外部筹资而形成的资本来源。企业外部筹资方式包括吸收直接投资、发行股票、银行借款、发行债券和融资租赁等。企业的外部筹资大多需要花费筹资费用，但筹资数量相对来说较大。

二、长期债务筹资

债务资金筹资是企业最主要的筹资形式之一。这是因为：第一，权益资金筹资一般都受到一定的限制，这就决定了企业必须借助于债务资金筹资形式来满足企业生产经营的需要；第二，从企业发展速度与规模上，如果不依赖于债务资金筹资将难以利用财务杠杆扩大其生产经营规模；第三，债务资金筹资对提高权益资金收益率具有重要的意义。从类型看，企业债务资金筹资方式包括银行借款、企业债券、融资租赁、商业信用等多种形式；从所筹资金的期限看，则有长期债务资金和短期债务资金两类。下面介绍长期债务资金的筹资方式。

（一）长期借款

长期借款是企业向银行等金融机构借入的、期限在一年以上的各种借款。它以企业的生产经营及获利能力为依托，用于企业长期资产投资和永久性流动资产投资。

1. 长期借款的不同类型

（1）按提供借款的机构可分为政策性银行借款、商业性银行借款、其他金融机构借款。政策性银行借款是指执行国家政策性贷款业务的银行提供的借款，通常为长期借款。商业性银行借款是指由各商业银行向工商企业提供的借款，这类借款主要是为满足企业生产经营的资金需要，以营利为目的。其他金融机构借款是指除商业银行以外其他可以从事贷款业务的金融机构提供的借款，如信托公司、保险公司、企业财务公司等提供的借款。

（2）按是否提供担保可分为抵押借款和信用借款。抵押借款的抵押品可以是不动产、机器设备等实物资产，也可以是股票、债券等有价证券。企业到期不能还本付息时，银行等金融机构有权处置抵押品，以保证其贷款安全。信用借款则是凭借贷款企业的信用或其保证人的信用而取得的借款。它通常由借款企业出具签字文书，借贷双方严格执行借款合同，信守约定。

（3）按借款用途可分为基本建设借款、更新改造借款、科研开发和新产品试制借款等。

2. 长期借款的偿还方式

贷款本金的偿还通常有两种方式：到期一次性偿还；定期或不定期地偿还相等或不等金额的款项，借款到期时还清全部本金。从还款方式可以看出，前者能使借款企业在借款期内使用全部所借资金，但到期还款压力大，需要企业事先做好还款计划与还款准备，如建立偿债基金等。后者则使借款企业在借款期内边用边还，将还款与用款结合在一起，所用借款额不完整，且实际利率大于名义利率，但偿债压力较小。从根本上说，采用何种偿还方式，取决于所借款项使用后新增的利润及现金流入的特点。

（二）发行债券

公司债券，是指公司依照法定程序发行、约定在一定期限还本付息的有价证券。发行债券是企业筹集债务资本的重要方式，通常是为其大型投资项目一次筹集大笔长期资本。

1. 债券的不同类型

（1）按有无特定的财产担保，分为抵押债券和信用债券。抵押债券是以发行债券公司的财产为抵押品所发行的债券。如债券到期不能偿还，持券人可以行使抵押权，拍卖抵押品作为补偿。抵押债券按抵押品的不同又可分为不动产抵押债券、动产抵押债券和证券抵押债券。其中，证券抵押债券是债券发行人以所持有的有价证券作为抵押品而发行的债券。信用债券又称无抵押担保债券，是仅凭公司自身的信用发行的、没有抵押品做抵押或担保人做担保的债券。在公司清算时，信用债券的持有人因无特定的资产做担保品，只能作为一般债权人参与剩余财产的分配。

（2）按能否转换为本公司股票，分为可转换债券和不可转换债券。可转换债券是指根据发行契约允许持券人按预定的条件、时间和转换率将持有的债券转换为公司普通股的债券。不能享有这种权利的债券则为不可转换债券。对于可转换债券，如债券持有人选择转股，公司应当按照转换办法向债券持有人换发股票，但债券持有人对转换股票或者不转换股票有选择权。

（3）按能否提前收兑，分为可提前收兑债券和不可提前收兑债券。可提前收兑债券是公司按照发行时的条款规定，依一定条件和价格在公司认为合适的时间收回债券。这类债券的优点在于：当利率降低时，公司可用“以新换旧”的办法，收回已发行的利率较高的债券，代之以新的、利率相对较低的债券，以降低债务成本。不可提前收兑债券是指不能从债权人手中提前收回的债券。它只能在证券市场上按市场价格买回，或等到债券到期后收回。

2. 债券发行定价的影响因素

债券筹资所面临的财务问题之一是如何对拟发行的债券进行定价，即确定债券发行价格。所谓债券发行价格是指发行公司或其承销机构发行债券时所使用的价格，即投资者向发行公司认购债券时实际支付的价格。公司在发行债券之前，必须进行发行价格决策。

影响债券发行价格的因素如下：

（1）债券面值，即债券票面价值。债券发行价格的高低，从根本上取决于面值大小，一般而言，债券票面价值越大，发行价格越高。债券面值是债券的到期价值，即债券的未来价值，而债券发行价格是现在价值，如果不考虑利息因素，从资金时间价值来考虑，企业债券应以低于面值的价格出售，即按面值进行贴现。

（2）债券利率，即债券票面利率，通常在发行债券之前即已确定，并在债券票面上注明。一般而言，债券利率越高，发行价格越高；反之，发行价格越低。

（3）市场利率。债券发行时的市场利率是衡量债券利率高低的参照指标，两者往往不一致，共同影响债券的发行价格。一般而言，债券发行时的市场利率越高，债券的发行价格越低，反之，发行价格越高。

（4）债券期限。债券发行的起止期限越长，债权人的风险越大，要求的利息报酬越高，债券发行价格就可能较低；反之，发行价格可能较高。

债券通常按债券面值等价发行，但在实践中往往按低于面值折价发行或高于面值溢价发行。这是因为债券利率是参照市场利率制定的，市场利率经常变动，而债券利率一经确定就不能变更，因此，只能依靠调整发行价格（折价或溢价）来调节债券购销双方的利益。

（三）融资租赁

租赁是出租人以收取租金为条件，在契约或合同规定的期限内，将资产租给承租人使用的一种经济行为。租赁合约规定双方的权利与义务，其具体内容需要通过谈判确定，所以租赁的形式多种多样。

根据承租人的目的，租赁可以分为经营租赁和融资租赁。经营租赁的目的是取得经营活动需要的短期使用的资产；融资租赁的目的是取得了拥有长期资产所需要的资本。

融资租赁是指出租人（一般指金融租赁公司或信托公司）按照承租人的要求融资购买租赁资产，并在契约或合同规定的较长期限内提供给承租人使用的信用性业务。融资租赁与经营租赁不同，主要表现为：第一，一般由承租人向出租人提出正式申请，由出租人融资购进设备租给承租人使用；第二，租赁期一般比较长，达到资产预计使用寿命的大部分，因此，租赁设备的购置成本必须全部摊入各期租赁费中，即出租人收取的租金必须等于租赁设备的全部成本加上租赁投资收益；第三，租赁期限内由承租人负责租赁资产的维修、保养和保险等，并对租赁资产计提折旧，但无权自行拆卸改装；第四，融资租赁禁止中途解约，即融资租赁双方签订的租赁合同一般是不可撤销的；第五，租赁期满时，按事先约定的办法处置设备，一般有续租、留购或退回三种选择，但通常情况下是由承租人留购，留购的金额一般是象征意义的价格。

1. 融资租赁的不同类型

按照融资租赁业务的特点，一般可分为三种类型：

（1）直接租赁，指承租人直接向出租人租入所需要的资产，并向出租人支付租金的形式。直接租赁的出租人主要是制造厂商、租赁公司。除制造厂商外，其他出租人都是先从制造厂商购买资产后再出租给承租人。

（2）售后回租，指承租人根据协议将某资产卖给出租人，再将其租回使用并按期向出租人支付租金的形式。在这种租赁形式下，承租人可得到相当于售价的一笔资金，同时仍然可以获得资产的使用权。当然，在此期间，该承租人要支付租金并失去了租赁资产的所有权。

（3）杠杆租赁，是在传统融资租赁方式上派生出来的一种租赁方式，它一般要涉及承租人、出租人和贷款人三方当事人。从承租人的角度看，这种租赁与其他租赁形式并无区别。但对出租人却不同。出租人只垫支购买资产所需资金的一部分（一般为20%~40%），其余大部分资金由出租人以租赁资产做抵押向债权人贷款。因此，在这种租赁方式下，出租人一方面收取租赁费，另一方面需要偿还贷款人的贷款本息，若出租人无力偿还贷款，那么资产的所有权就要转归贷款人。由于租赁收益大于借款成本，出租人可获得财务杠杆利益，故被称为杠杆租赁。

2. 融资租赁的程序

不同的租赁业务，具有不同的具体程序，融资租赁的一般程序是：

第一，选择租赁公司。企业决定采用租赁方式获取某项设备时，首先要了解各家租赁公司的经营范围、业务能力、资信情况，以及与其他金融机构如银行的关系，取得租赁公司的融资条件和租赁费率等资料，并加以比较，从中择优选择。

第二，办理租赁委托。企业选定租赁公司后，便可向其提出申请，办理委托。这时，承租企业须要写租赁申请书，说明所需设备的具体要求，同时还要向租赁公司提供企业的财务状况文件，包括资产负债表、利润表和现金流量表等。

第三，签订购货协议。由承租企业与租赁公司的一方或双方合作组织选定设备制造厂商，并与其进行技术与商务谈判，在此基础上签署购货协议。

第四，签订租赁合同。租赁合同由承租企业与租赁公司签订，它是租赁业务的重要文件，具有法律效力。融资租赁合同的内容可分为一般条款和特殊条款两部分。

第五，办理验货、付款与保险。承租企业按购货协议收到租赁设备时，要进行验收。验收合格后签发交货及验收证书，并提交租赁公司，租赁公司据以向供应厂商支付设备价款。同时，承租企业向保险公司办理投保事宜。

第六，支付租金。承租企业在租期内按合同规定的租金数额、支付方式向租赁公司支付租金。

第七，合同期满处理设备。融资租赁合同期满时，承租企业应按租赁合同规定，对设备退租、续租或留购。租赁期满的设备通常都以低价卖给承租企业或无偿赠送给承租企业。

三、短期债务筹资

短期债务筹资是指为满足公司临时性流动资产需要而进行的筹资活动。根据采用的信用形式不同，短期债务筹资主要包括商业信用、短期借款和短期融资券等。

（一）商业信用

商业信用是指商品交易中以延期付款或预收货款进行购销活动而形成的企业之间的自然借贷关系，是企业之间的直接信用行为，属于自然融资。商业信用产生于商品交换之中，其具体形式主要是应付账款、应付票据、预收货款等。随着商业竞争日趋激烈，商业信用得到了广泛的应用，在短期债务筹资中占有相当大的比重。

1. 应付账款

应付账款即赊购商品，是企业最典型、最常用的一种商业信用形式。买卖双方发生商品交易，买方收到商品后不立即支付货款，也不出具借据，而是形成“欠账”，延迟一定时期后才付款。对买方来说，延期付款等于向卖方借用资金购进商品以满足短期的资金需要。

卖方为了尽快收回货款，往往在交易时给予买方一定的信用条件，即规定信用期限、现金折扣率及折扣期。如规定“2/10，n/30”，即买方如在购货后10天内付款，可以享受货款2%的现金折扣；如在10天之后付款，买方必须全额支付货款。其中，30天为信用期限，10天为折扣期限，2%为现金折扣率。

应付账款信用按信用条件分为免费信用、有代价信用和展期信用。免费信用，即买方在规定的折扣期内享受折扣而获得的信用；有代价信用，即买方放弃折扣付出代价而获得的信用；展期信用，即买方超过规定的信用期推迟付款而强制获得的信用。如按上述信用条件，买方在购货后的前 10 天付款即获得免费信用；在购货后第 11 天至第 30 天付款，则须放弃 2%的现金折扣，即获得有代价的信用；在信用期限到期的第 30 天后付款获得展期信用。企业应对上述三种信用进行分析并做出合理的选择。

2. 应付票据

应付票据是企业在采购商品物资时以商业汇票作为结算手段而推迟付款获得的一种商业信用。商业汇票是交易双方根据购销合同的规定在进行延期付款的商品交易时，由出票人开出的反映购销双方债权债务关系的票据。商业汇票开出之后，须由承兑人承兑，并交给持票人，当票据到期时，付款人应无条件支付票款本息。根据承兑人的不同，商业汇票可分为商业承兑汇票和银行承兑汇票两种。

商业承兑汇票是指交易双方约定，由销货企业或购货企业签发，但须经购货企业承兑的商业汇票。销货企业应在提示付款期限内通过开户银行委托收款或直接向付款人提示付款。商业承兑汇票到期时，购货企业的开户银行凭票将票款划给销货企业或贴现银行。如果汇票到期时付款人的存款不足以支付票款，开户银行会将汇票退还销货企业，银行不负责付款，由购销双方自行处理。

银行承兑汇票是指由承兑申请人开出，由银行承兑的商业汇票。承兑申请人必须在承兑银行开立结算账户，承兑银行经审查同意后进行承兑，并向承兑申请人收取相当于票面金额的一定比例的手续费。购货企业应在银行承兑汇票到期之前将票款足额交存其开户银行，以备由承兑银行在汇票到期日或到期日后的见票日支付票款。如果购货企业在汇票到期日未能向其开户银行足额交存票款，承兑银行也应凭票向持票人无条件付款，同时对购货企业尚未支付的汇票金额按一定比例收取罚息。由此可见，银行承兑汇票与商业承兑汇票还是存在一定区别的，商业承兑汇票是购销企业之间的一种直接信用关系，而银行承兑汇票则具有一定的银行信用的性质。

对购货企业来说，应付票据是一种短期筹资方式。这种筹资方式是由商品交易而产生的，具有方便、灵活的特点。但是，通常利用商业汇票所筹资本的使用期限较短，如我国有关法律规定，商业汇票的付款期限由交易双方商定，但最长不得超过 6 个月。商业汇票可以是无息票据，也可以是带息票据。在采用无息商业汇票时，购货企业等于得到一笔无息贷款，不需要承担资本成本。与应付账款相比，商业汇票等于是付款人给收款人出具的一个书面承诺，因此，其信用会更好一些，如果付款人在汇票到期时未能支付票款，对其信誉会产生严重的损害。

3. 预收货款

预收货款是指卖方按合同或协议的规定，在交付商品之前向买方预收部分或全部货款的信用方式。通常买方对于紧俏商品乐意采用这种结算方式办理货款结算；对于生产周期长、售价高的商品，生产者也经常要向订货者分次预收货款，以缓和本企业经营收支不平的矛盾。

（二）短期借款

短期借款指企业向银行和其他非银行金融机构借入的期限在一年以内的借款，主要用于满足公司生产周转性资金、临时资金和结算资金的需求。一般情况下，短期借款是仅次于商业信用的短期债务筹资方式。

我国目前的短期借款按照目的和用途分为若干种，主要有生产周转借款、临时借款、结算借款等。按照国际通行做法，短期借款还可依偿还方式的不同，分为一次性偿还借款和分期偿还借款；依利息支付方法的不同，分为收款法借款、贴现法借款和加息法借款；依有无担保，分为抵押借款和信用借款等。企业在申请借款时，应根据各种借款的条件和需要加以选择。

1. 借款的信用条件

按照国际通行做法，银行发放短期借款往往带有一些信用条件，主要有：

（1）信贷限额。信贷限额是银行对借款人规定的无担保贷款的最高额。信贷限额的有效期限通常为一年，但根据情况也可延期一年。一般来讲，企业在批准的信贷限额内，可随时使用银行借款。但是，银行并不承担必须提供全部信贷限额的义务。如果企业信誉恶化，即使银行曾同意过按信贷限额提供贷款，企业也可能得不到借款。这时，银行不会承担法律责任。

（2）周转信贷协定。周转信贷协定是银行具有法律义务地承诺提供不超过某一最高限额的贷款协定。在协定的有效期内，只要企业的借款总额未超过最高限额，银行必须满足企业任何时候提出的借款要求。企业享用周转信贷协定，通常要就贷款限额的未使用部分付给银行一笔承诺费。

周转信贷协定的有效期通常超过一年，但实际上贷款每几个月发放一次，所以，这种信贷具有短期和长期借款的双重特点。

（3）补偿性余额。补偿性余额是银行要求借款企业在银行中保持按贷款限额或实际借用额一定百分比（一般为10%~20%）的最低存款余额。从银行的角度讲，补偿性余额可降低贷款风险，补偿遭受的贷款损失。对借款企业来讲，补偿性余额则提高了借款的实际利率。

（4）借款抵押。银行向财务风险较大的企业或对其信誉不太有把握的企业发放贷款，有时需要有抵押品担保，以减少自己蒙受损失的风险。短期借款的抵押品经常是借款企业的应收账款、存货、股票、债券等。银行接受抵押品后，将根据抵押品的面值决定贷款金额，一般为抵押品面值的30%~90%。这一比例的高低，取决于抵押品的变现能力和银行的风险偏好。抵押借款的成本通常高于非抵押借款，这是因为银行主要向信誉好的客户提供非抵押贷款，而将抵押贷款看成是一种风险投资，故而收取较高的利率；同时，银行管理抵押贷款要比管理非抵押贷款困难，为此往往另外收取手续费。

企业向贷款人提供抵押品，会限制其财产的使用和将来的借款能力。

（5）偿还条件。贷款的偿还有到期一次偿还和在贷款期内定期（每月、季）等额偿还两种方式。一般来讲，企业不希望采用后一种偿还方式，因为这样会提高借款的实际利率；而银行不希望采用前一种偿还方式，是因为这样会加重企业的财务负担，增加企业的拒付风险，同时会降低实际贷款利率。

（6）其他承诺。银行有时还要求企业为取得贷款而做出其他承诺，如及时提供财务报表、保持适当的财务水平（如特定的流动比率），等等。如企业违背所做出的承诺，银行可要求企业立即偿还全部贷款。

2. 短期借款利率与利息支付方法

短期借款的利率多种多样，利息支付方法亦不一，银行将根据借款企业的情况选用。

（1）借款利率

①优惠利率，是银行向财力雄厚、经营状况好的企业贷款时收取的名义利率，为贷款利率的最低限。②浮动优惠利率，这是一种随其他短期利率的变动而浮动的优惠利率，即随市场条件的变化而随时调整的优惠利率。③非优惠利率，银行贷款给一般企业时收取的高于优惠利率的利率。这种利率经常在优惠利率的基础上加一定的百分比。比如，银行按高于优惠利率1%的利率向某企业贷款；若当时的最优利率为8%，向该企业贷款收取的利率即为9%；若当时的最优利率为7.5%，向该企业贷款收取的利率即为8.5%。

非优惠利率与优惠利率之间差距的大小，由借款企业的信誉、与银行的往来关系及当时的信贷状况所决定。

（2）借款利息的支付方法

一般来讲，借款企业可以用三种方法支付银行贷款利息。

收款法：是指在借款到期时向银行支付利息的方法。银行向工商企业发放的贷款大都采用这种方法收息。

贴现法：是指银行向企业发放贷款时，先从本金中扣除利息部分，而到期时借款企业则要偿还贷款全部本金的一种计息方法。采用这种方法，企业可利用的贷款额只有本金减去利息后的差额，因此，贷款的实际利率高于名义利率。

加息法：是银行发放分期等额偿还贷款时采用的利息收取方法。在分期等额偿还贷款的情况下，银行要将根据名义利率计算的利息加到贷款本金上，计算出贷款的本息和，要求企业在贷款期内分期偿还本息和。由于贷款分期均衡偿还，借款企业实际上只平均使用了贷款本金的半数，却支付全额利息。这样，企业所负担的实际利率大约高于名义利率一倍。

（三）短期融资券

短期融资券是由企业依法发行的无担保短期本票。在我国，短期融资券是指企业依照《银行间债券市场非金融企业债务融资工具管理办法》的条件和程序，在银行间债券市场发行和交易并约定在一定期限内还本付息的有价证券，是企业筹措短期（一年以内）资金的直接融资方式。短期融资券又称短期债券，是一种新兴的短期资金筹集方式。

1. 短期融资券的不同类型

按发行人分类，短期融资券分为金融企业的融资券和非金融企业的融资券。在我国，目前发行和交易的是非金融企业的融资券。

按发行方式分类，短期融资券分为经纪人承销的融资券和直接销售的融资券。非金融企业发行融资券一般采用间接承销方式进行，金融企业发行融资券一般采用直接发行方式进行。

2. 短期融资券的筹资特点

由于我国目前市场资金较为充分，短期融资券的发行利率较低，加上短期融资券实行余额管理，可以滚动发行，因此，短期融资券是有竞争实力的企业降低融资成本的一种有效融资方式。短期融资券具有以下筹资特点：

（1）筹资成本较低。相对于公司债券筹资，短期融资券的筹资成本较低。

（2）筹资数额比较大。相对于银行借款筹资，短期融资券一次性的筹资数额比较大。

（3）发行条件比较严格。只有具备一定信用等级、实力强的企业，才能发行短期融资券。

第二节　投资管理

投资是指企业投入财力，期望在未来获取收益的一种行为。在市场经济条件下，投资是企业实现财务管理目标的基本前提，是发展与获利的必要手段，也是降低风险的有效方法。投资管理是现代企业财务管理的一项重要内容。

一、项目投资概述

（一）项目投资的界定

项目在日常生活中随处可见，建设一栋大楼、开发一种产品、对生产线进行更新改造等，人们从不同的角度给项目下过不同的定义，美国项目管理协会认为：项目是指为创造某种独特产品或服务的一次性努力。独特是指项目所创造的产品或服务在关键特性上与其他产品或服务有不同之处，由于它是一次性的，因而是独特的。一次性是指每个项目都有开始和结束的时间，每个项目的历时都是有限的，任何一个项目都包含很多创新之处。

项目投资是指以特定项目为对象，直接参与新建项目或更新改造项目有关的长期投资行为，从性质上讲，它是企业直接的、生产性的、对内的实物投资，通常包括固定资产投资、无形资产投资、开办费投资、流动资产投资等内容。

项目投资是企业内部生产经营资产的长期投资，与短期投资和对外投资相比，它具有以下几个特点：

1. 投资数额较大。项目投资一般涉及企业战略布局问题，涉及的金额多达百万元、千万元，甚至数亿元等，其投资所形成的资产占企业总资产的比重相当大，因此，项目投资对企业的财务状况和经营成果将产生深远的影响。

2. 影响时间较长。作为长期投资的项目发挥作用的时间较长，项目的寿命周期达几年、十几年，甚至是几十年，项目一旦实施，将在未来相当长的时间内对企业的经济活动产生影响。

3. 变现能力较差。项目投资一般不打算在一年或超过一年的一个营业周期内变现，而且在一年内或超过一年的一个营业周期内变现能力也较差，因为投资一旦完成，想改变是相当困难的，不是无法实现就是变现能力较差。

4. 投资风险较高。因为项目投资所涉及的投资金额较大，历时和影响时间也较为长远，未来收益的不确定性因素较多，所以，项目投资的风险相对较高。投资决策一旦失败，给企业带来的影响是灾难性的，轻则亏损，重则导致企业倒闭破产。

（二）项目投资的分类

1. 战术性投资与战略性投资。项目投资按照其对企业前途的影响可分为战术性投资和战略性投资。战术性投资是指不对整个企业前途产生重大影响的投资，如为提高劳动生产率而进行的投资、为改善工作环境而进行的投资等。战略性投资是指对企业全局产生重大影响的投资，如企业增加新产品的投资、企业转产的投资、新的领域的投资等。战略性投资的投资风险较高、所需金额较大、资金回收时间较长。

2. 相关性投资与非相关性投资。项目投资按其相互关系可分为相关性投资和非相关性投资。如果某项目的采纳或放弃并不显著地影响另一个项目，则两个项目在经济上是不相关的，两者为非相关性投资。如果某项目的采纳或放弃会显著地影响另一个项目，则可以说这两个项目在经济上是相关的，如存在因果关系的两个投资项目，就是相关性投资。

3. 维持性投资与扩大生产能力的投资。项目投资按照其与生产经营活动的关系可分为维持性投资和扩大生产能力的投资。维持性投资是为了维持其正常经营，保持现有生产能力而投入的财力，如固定资产的更新投资。扩大生产能力的投资是企业未来扩大生产规模，增加生产能力，或改变企业经营方向，对企业今后的经营与发展有着重大影响的各种投资。

4. 新建项目投资与更新改造项目投资。根据具体目标不同，项目投资可分为新建项目投资和更新改造项目投资，前者以新增生产能力为主要目标，后者则以恢复和改善生产能力为主要目标。在实务中，新建项目投资根据是否需要垫支周转资本又划分为单纯固定资产项目投资和完整的工业投资项目投资两大类。单纯固定资产项目投资，简称固定资产投资，是指在投资中只包括为取得固定资产而发生的垫支资本投入，不涉及周转资本的投入。完整的工业投资项目投资不仅包括固定资产投资，而且涉及流动资产、无形资产、开办费的投资，因此，不能简单地将项目投资等同于固定资产投资。

5. 固定资产投资、无形资产投资与开办费投资。项目按其投资对象分为固定资产投资、无形资产投资与开办费投资。固定资产投资是指投资于企业固定资产，尤其是生产经营用固定资产的投资，如对厂房、机器设备、运输设备、工具器具等的投资都属于固定资产投资。无形资产投资是指投资于企业长期使用但没有实物形态资产的投资，如对专利权、非专利技术、商标权、著作权、土地使用权和商誉的投资等均属于无形资产投资。开办费投资是指企业在开办期间发生的递延性费用。

（三）项目投资的程序

项目投资风险大、周期长、环节多、涉及面广，需要考虑众多因素，项目投资需要按照规范的程序进行。从整个项目周期的角度看，项目的投资程序一般包括以下几个环节：

1. 项目提出

投资项目的提出是项目投资程序的第一步，是根据长远发展战略、中长期计划和投资环境的变化，在把握良好投资机会的情况下提出的，它可由企业管理当局和企业高层管理人员提出，也可由企业各级管理部门和相关部门领导提出。一般而言，企业管理当局和高层管理人员提出的项目投资多是具有战略意义的项目投资或是扩大生产能力的项目投资，其投资金额巨大，影响深远。而由企业各级管理部门和相关部门提出的项目投资主要是一些战术性项目投资或维持性的项目投资。具有战略意义的项目投资或扩大生产能力的项目投资一般要由企业的战略、市场、生产、财务和物资部门共同参与论证，对于企业各级管理部门和相关部门领导提出的战术性项目投资或维持性项目投资，可由先提出的部门进行论证。

2. 项目评价

投资项目的评价主要涉及以下几项工作：（1）对提出的项目进行适当分类，为分析评价做好准备；（2）计算有关项目的建设周期，测算有关项目投产后的收入、费用和经济效益，预测有关项目现金流入和现金流出；（3）运用各种投资评价指标，对各项投资方案的可行性程度进行排序；（4）写出详细的评价报告。

3. 项目决策

项目评价后，应按分权管理的决策权限由企业高层管理人员或相关部门经理做出最后决策。投资额较小的战术性项目投资或维持性项目投资一般由部门经理做出决策；金额较大的项目投资一般要由企业最高管理当局或企业高层管理人员做出决策，特别重大的项目投资还须报董事会或股东大会批准。无论是由哪一级管理人员做出最后决策，其决策结论一般可分为三种：（1）接受这个投资项目，可以进行投资；（2）拒绝这个投资项目，不能进行投资；（3）返还给项目提出部门，重新论证后再进行处理。

4. 项目执行

决定对某项目进行投资后，要积极筹措资金，实施项目投资。在投资项目的执行过程中，要对工程进度、工程质量、施工成本和工程预算进行监督、控制和审核，防止工程建设中的舞弊行为，确保工程质量，保证按时完成。

5. 项目的再评价

在投资项目的执行过程中，应注意原来做出的投资决策是否合理，是否正确。一旦出现新的情况，就要随时根据变化的情况做出新的评价。如果情况发生了重大变化，原来投资决策已经变得不合理，那么，就要做出是否终止该投资项目或怎样终止投资的决策，以避免更大的损失。

二、项目投资的现金流量

通常情况下，纳入财务学讨论范畴的投资项目，是已经具备国民经济可行性和技术可行性。财务学的主要任务是从企业投资者立场出发，评价投资项目的财务可行性。投资项目财务可行性评价需要现金流量和贴现率两个相关参数。因此，测算投资项目现金流量和确定适当的贴现率成为财务管理中项目投资决策的基础工作。

（一）现金流量的相关概念

现金流量，也称现金流动量，在投资决策中是指一个投资项目引起的企业现金支出和收入增加的数量，它是评价投资方案是否具有财务可行性的一个基础数据。需要指出的是，这里的“现金”是广义的现金，不仅包括货币资金，还包括投资项目需要投入的企业现有非货币性资源的变现价值。例如，一个投资项目需要使用原有的厂房、设备等资产，相关的现金流量是指它们的变现价值，而不是其账面成本。

在进行现金流量估计时，会涉及很多的变量，涉及许多个人和部门。例如，销售量的预测和销售价格通常由营销部门根据价格弹性、广告效应、经济情况、竞争者反应及消费者偏好的变化趋势来制定。类似地，一项新产品相关的资本支出通常由工程师及产品开发人员确定，而经营成本则由成本会计、制造部门专家、人力资源专家和采购人员来估计。需要特别指出的是，在预测投资项目现金流量时，若能把握与投资项目有关的一些宏观经济数据，如国民生产总值、通货膨胀率等，能提高预测的准确程度。

现金流量包括现金流入量、现金流出量和现金净流量三个具体概念。

1. 现金流入量

现金流入量（记作 CI），是指由投资项目引起的企业现金收入的增加额，简称现金流入。对新建项目来说，现金流入量的内容主要包括：

（1）营业收入。营业收入是指投资项目投产后每年实现的营业收入。它是经营期主要的现金流入项目。营业收入按照项目在经营期内相关产品预计单价和预测销售量进行估算。从会计视角看，按权责发生制计量的营业收入并不是当期的经营现金流入。经营现金流入是当期现销收入和回收前期应收账款的合计数。为简化核算，通常假设正常经营年度内每期发生的赊销额与回收前期的应收账款大体相等。在这种情况下，某期的经营现金流入等于该期的营业收入。

（2）出售或报废时长期资产的残值收入。资产出售或报废时的残值收入，是由于当初的投资引起的，应当作为投资项目的一项现金流入。通常，长期资产的残值收入按长期资产的原值乘以其法定净残值率估计长期资产的残值收入或处置时账面价值估算。如果直接按终结点长期资产情况预计残值收入，其数值可能与按税法计提折旧的账面价值不一致，与长期资产处置相关的现金流量须考虑收益纳税、损失抵税带来的现金流量。

（3）垫付的流动资金回收。投资项目出售或报废时，流动资金将回收，回收的流动资金等于各年垫支流动资金投资额的合计数。

2. 现金流出量

现金流出量（记作 CO），是指由投资项目引起的企业现金支出的增加额。对新建项目来说，现金流出量的内容主要包括：

（1）原始投资

原始投资是指企业为使投资项目完全达到设计生产能力、开展正常经营而投入的全部资金，包括建设投资和流动资金投资两项内容。

建设投资是指在建设期内按一定生产经营规模和建设内容进行的投资，包括固定资产投资、无形资产投资和其他资产投资等。其他资产投资主要包括筹建费用、试运营费用、职工培训费等。除非特别指明，否则假设它们都是在建设期内投入的。

流动资金投资是指为维持正常生产经营活动而追加的周转性资金，一般在营业终了时才能收回。通常，流动资金投资发生在建设期期末或经营期期初。

（2）付现成本

付现成本，又称经营成本，是指经营期内为满足正常生产经营而运用现金支付的成本费用，是项目在生产经营期最主要的现金流出量。企业的营业成本是由需要当期付现的经营成本和不需要在当期以现金支付的非付现成本两部分组成。付现成本主要包括原材料、燃料、动力、工资、生产设备的日常维护和经营性维修等，非付现成本主要包括固定资产折旧、无形资产及其他长期资产的摊销等。

（3）各项税款

各项税款是指项目投产后依法缴纳的、单独列示的各项税款，包括营业税金及附加、所得税等。在所得税的估算中，由于不再进行利润总额与应纳税所得额的调整，因此，所有非付现成本的估算应符合税法规定。

3. 现金净流量

现金净流量（记作 NCF），又称净现金流量，是指在项目计算期由每年现金流入量与同年现金流出量之间的差额所形成的序列指标。无论是在经营期内，还是在建设期内都存在净现金流量。当现金流入量大于流出量，净现金流量为正值；反之，净现金流量为负值。

由于项目计算期不同阶段现金流入与现金流出发生的可能性不同，使各阶段的净现金流量在数值上表现出不同的特点。一般来说，建设期内的净现金流量的数值为负值或等于零；经营期内的净现金流量则多为正值。

（二）不同项目现金流量的估算

为简化起见，在投资项目现金流量估算中，把投资和筹资分开考虑，先评价项目本身的经济价值而不管筹资方式如何。如果投资项目有正的净现值，再去处理筹资的细节问题。这也就意味着归还借款利息和本金不做现金流出。

按是否将所得税视为现金流出，现金流量有所得税前现金流量和所得税后现金流量两种形式。从企业或法人投资主体的角度看，所得税是一项现金流出。因此，除非特别注明，本书所述的现金流量均为所得税后现金流量。

为了便于估算，通常把投资项目的现金流量按时段特征分为初始现金流量、营业现金流量和终结现金流量。

1. 初始现金流量

初始现金流量，即建设期现金流量，是指从投资建设开始到完工投产这段时间发生的现金流量，是项目的投资支出。在这一时段，项目没有现金流入，只有现金流出。因此，初始现金流量等于负的原始投资，其估算公式为：

$$NCF_t = -P_t \tag{5-1}$$

式中：NCF_t 代表建设期某年的净现金流量；P_t 代表该年的原始投资。原始投资包括固定资产投资、无形资产投资、其他资产投资和流动资金投资四项内容。固定资产投资按项目规模和投资计划所确定的各项建设工程费用、设备购置费用和安装工程费用等来估算。无形资产投资和其他资产投资，根据需要和可能，逐项按有关资产的评估方法和计价标准进行估算。流动资金投资是经营期内长期占用并周转使用的营运资金，又称垫支流动资金或营运资金投资，可按以下公式进行估算：

某年流动资金投资额=本年流动资金需用数-上年流动资金需用数

本年流动资金需用数=本年流动资产需用数-本年流动负债可用数

2. 营业现金流量

营业现金流量，又称经营现金流量，是指项目投入生产经营后，在其寿命周期内生产经营所带来的现金流入和流出的数额。

营业现金流量=营业收入-付现成本-所得税额 (5-2)

=营业收入-（营业成本-非付现成本）-所得税额

=净利润+非付现成本 (5-3)

=［营业收入-（付现成本+非付现成本）］×（1-所得税税率）+非付现成本

=营业收入×（1-所得税税率）-付现成本×（1-所得税税率）+非付现成本×所得税税率

=税后营业收入-税后付现成本+非付现成本抵税 (5-4)

由上式可知：非付现成本并不是现金流出，它之所以会对投资项目的现金流量产生影响，是由于所得税的存在引起的。

非付现成本主要包括固定资产折旧、无形资产摊销、其他长期资产摊销、资产减值损失等。通常，在项目投资决策现金流量估算中，主要考虑固定资产折旧、无形资产摊销和其他长期资产摊销三项非付现成本。固定资产折旧和无形资产摊销按税法规定的净残值、使用年限和折旧摊销方法估算，其他长期资产摊销按制度规定在投产后第一年全额摊销。

在计算营业现金流量的三个公式中，公式（5-2）很少使用。因为，要知道所得税额，须先算出利润总额。在已知利润总额的情况下，可直接用公式（5-3）计算营业现金流量。公式（5-3）容易理解，所得税对营业现金流量的影响在计算净利润时一并考虑了，比较适于初学者掌握。

在实务中，由于所得税额的缴纳主体是企业而不是项目，因此，项目如果在某一年产生亏损，需要专门处理由亏损而产生的抵税现金流量，除非项目由专门注册的子公司独立运作。另一方面，在决定某个投资项目是否具有财务可行性时，不一定知道整个企业的利润及与此有关的所得税，也妨碍了公式（5-2）和公式（5-3）的使用。公式（5-4）不需要知道企业的利润是多少，使用起来比较方便。在有关固定资产更新的决策中，我们没有办法计量某项资产给企业带来的收入和利润，以至于无法使用前两个公式。

3. 终结现金流量

终结现金流量是指投资项目终结时所发生的现金流量。它主要包括长期资产报废或出售的现金流入、收回垫支的流动资金以及与税法确认的资产残值差异形成的纳税或抵税金额。

需要关注的是：按现行税法规定，在大多数情况下，投资项目寿命期末会有相关的纳税支出或收入。这是因为长期资产通常不是按账面价值报废或出售的。在考虑所得税情况下，需要将出售收入扣除账面价值和相关税费后的金额计入当期损益，按照出售收益和计提折旧后的账面价值之间的差额来测算纳税金额。

出售或处置长期资产现金流入可按以下公式计算：

$$NCF_c = S_c + (C_c - S_c) \times T \quad (5-5)$$

式中：NCF_c 代表出售或处置长期资产现金流量；S_c 代表预计净残值收入；C_c 代表长期资产账面价值；T 代表所得税税率

（三）现金流量估算中的常见问题

在确定投资方案的相关现金流量时，应遵循的基本原则是：只有增量的现金流量才是与项目相关的现金流量。所谓增量现金流量，是指接受或拒绝某个投资方案后，企业总现金流量因此发生的变动。因此，只有那些由于采纳某个项目引起的现金支出增加额才是该项目的现金流出，只有那些由于采纳某个项目引起的现金流入增加额，才是该项目的现金流入。

为正确计算投资方案的增量现金流量，需要正确判断哪些收入或支出会引起企业总现金流量的变动，哪些收入或支出不会引起企业总现金流量的变动。在进行这种判断时，要注意以下几个方面的问题：

第一，区分相关成本与非相关成本。相关成本是指与特定决策有关的，在分析评价时必须加以考虑的成本。例如，差额成本、未来成本、重置成本和机会成本等都属于相关成本。非相关成本是指与特定决策无关，在分析评价时不必加以考虑的成本。例如，沉没成本、过去成本、账面成本等往往是非相关成本。如果将非相关成本纳入投资方案的总成本，则一个有利的方案可能因此变得不利，一个较好的方案可能因此变为较差的方案，从而造成决策错误。

第二，不要忽视机会成本。在投资方案的选择中，如果选择了一个方案，则必须放弃投资于其他项目的机会。其他投资机会可能取得的收益是实行本方案的一种代价，被称为这项投资方案的机会成本。机会成本不是我们通常意义上的“成本”，它不是一种支出或费用，而是失去的收益。这种收益不是实际发生的，是潜在的。机会成本总是针对具体方案的，离开被放弃方案就无从计量确定。机会成本在决策中的意义在于它有助于全面考虑可能采取的各种方案，以便为既定资源寻求最为有利的使用途径。

第三，要考虑投资方案对其他部门的影响。当我们采纳一个新的投资项目后，该项目可能对公司的其他部门造成有利或不利的影响。因此，在进行投资项目分析时，应当关注的是新项目实施后对整个公司预期现金流入的影响。当然，这些交互的影响有时是很难准确计量的。但决策者在进行投资分析时仍应将其考虑在内。

尽管在许多情形下，新项目会影响公司现有产品的市场和销售，但在有些情况下，新项目会促进现有产品的销售。例如，航空公司开通一条新航线，除直接创造了收入外，还将旅客运送至与之相连的其他航线，增加了相关航线的收入。因此，决策时必须考虑新项目实施后可能给公司带来的每一笔关联现金流量。

第四，对净营运资金的影响。在一般情况下，当公司投资一个新项目并使销售额扩大后，对于存货和应收账款等流动资产的需求也会增加，公司必须筹措新的资金以满足这种额外需求；另一方面，公司扩充的结果，应付账款与其他一些应付费用等流动负债也会同时增加，从而降低公司流动资金的实际需要。

当投资方案的寿命周期快要结束时，公司将与项目相关的存货出售，应收账款变为现金，应付账款和应付费用也随之偿付，净营运资金恢复到原有水平。通常，在进行项目投资分析时，假定开始投资时筹措净营运资金，在项目结束时收回。

第五，忽略利息支付和融资现金流量。在评价新投资项目和确定现金流量时，往往将投资决策和融资决策分开，即从全部资本角度来考虑。此时，利息费用和投资项目的其他融资现金流量不应看成是该项目的增量现金流量。也就是说，即使接受项目时不得不通过举借债务来筹集资金，与筹集债务资金相关的利息支出及债务本金的偿还不是相关的现金流量。因为，当用公司要求的收益率作为贴现率来贴现项目的现金流量时，该贴现率已经隐含了这些项目的融资成本。分析人员通常事先确定对投资项目的期望收益或收益率要求，然后再寻求最佳融资方式。

三、项目投资的常用决策评价方法

项目投资决策评价的基本原理是：当投资项目收益率超过资本成本时，企业价值将增加；投资项目收益率低于资本成本时，企业价值将减少。这一原理涉及项目的报酬率、资本成本和股东财富的关系。

投资要求的报酬率是投资人的机会成本，即是投资人将资金投资于其他等风险资产可以赚取的最高收益。企业投资项目的报酬率必须达到投资人的要求。如果企业的资产获得的报酬超过资本成本，企业的收益大于股东要求，必然会吸引新的投资者购买该公司股票，其结果是股价上升。如果相反，股东会对公司不满，有一部分人会出售公司股票，导致股价下跌。因此，资本成本也可以说是企业在现有资产上必须赚取的、能使股价维持不变的收益。股价代表了股东财富，反映了资本市场对公司价值的估计。企业投资取得高于资本成本的报酬，就为股东创造了价值；反之，则毁损了股东财富。因此，投资人要求的报酬率即资本成本，是评价项目是否为股东创造财富的标准。

项目投资决策是通过一定的经济评价指标来进行的。进行投资项目决策的评价方法有非贴现评价方法和贴现评价方法两类。

（一）非贴现评价方法

非贴现的方法不考虑资金的时间价值，把不同时间的现金流量看成是等效的。因此，这些方法在选择方案时通常起辅助作用。

1. 回收期法

投资回收期法是使用回收期作为评价方案优劣指标的一种方法。投资回收期是指投资引起的现金流入累计到与投资额相等所需的时间，代表收回投资所需的年限。回收年限越短，投资方案的流动性越好，风险越小。

投资回收期有包括建设期的投资回收期（记作 PP）和不包括建设期的投资回收期（记作 PP′）两种形式。包括建设期的投资回收期等于不包括建设期的投资回收期加上建设期，即 $PP=PP'+S$。

使用投资回收期法进行决策必须有一个决策依据，但没有客观因素表明存在一个合适的截止期，可以使公司价值最大化。因此，回收期法没有相应的参照标准。通常，在不考虑其他评价指标的前提下，用小于或等于项目计算期的一半或基准回收期，作为判断投资项目是否具有财务可行性的标准。这一参照标准在一定意义上只是一种主观的臆断。

为了克服回收期法不考虑资金时间价值的缺陷，人们提出了折现投资回收期法。折现投资回收期，又称动态投资回收期，是指在考虑资金时间价值的情况下以投资项目引起的现金流入量抵偿原始投资所需要的时间。

动态投资回收期出现以后，为了区分，将传统的投资回收期称为非折现投资回收期或静态投资回收期。

2. 会计收益率法

会计收益率法是使用会计收益率作为评价方案优劣指标的一种方法。会计收益率，又称投资利润率，是年平均净收益占原始投资额的百分比。在计算时使用会计的收益、成本观念以及会计报表的利润数据，不直接使用现金流量信息。

与投资回收期一样，会计收益率指标没有一个客观的基准可以作为评判投资项目财务可行性的依据。通常以行业平均会计收益率或投资人要求的会计收益率作为基准。在此情况下，不考虑其他评价指标的前提下，只有当会计收益率指标大于或等于基准会计收益率，投资项目才具有财务可行性。

（二）贴现评价方法

贴现的评价方法，是指考虑资金时间价值的分析评价方法，亦被称为贴现现金流量分析技术，或动态分析法。常用的贴现评价方法主要包括净现值法、获利指数法和内含报酬率法等。

1. 净现值法

净现值法是使用净现值来评价方案优劣的一种方法。净现值（记作 NPV），是指特定方案在整个项目计算期内每年净现金流量现值的代数和，或者说是特定方案未来现金流入量的现值与未来现金流出量的现值之间的差额。

净现值法所依据的原理是：假设预计的现金流入在年末肯定可以实现，把原始投资看成是按预定贴现率借入的。当净现值为正时，偿还本息后还有剩余的收益。净现值的经济意义是投资方案贴现后的净收益。

要计算投资项目的净现值，不仅需要知道与项目相关的现金流量，还必须确定贴现率。在通常情况下，采用企业要求的最低投资报酬率或资本成本作为投资项目预定的贴现率。

净现值是一个折现的绝对量正指标，是项目投资决策评价指标中最重要的指标之一。

净现值法考虑了资金的时间价值和整个项目寿命周期的现金流量，能反映投资项目在其计算期内的净收益。从理论上说，它比其他方法更完善，被誉为“理财的第一原则”，具有广泛的适用性。净现值法的缺点在于不能直接反映项目实际收益率水平；且当投资额不等时，无法用 NPV 确定独立方案的优劣。

按照这种方法，所有未来现金流入和流出都要按照预定的贴现率折算为现值，然后再计算它们的差额。如净现值为正数，即贴现后现金流入大于贴现后现金流出，该投资项目的报酬率大于预定的贴现率；如净现值为零，即贴现后现金流入等于贴现后现金流出，该投资项目的报酬率等于预定的贴现率；如净现值为负数，即贴现后现金流入小于贴现后现金流出，该投资项目的报酬率小于预定的贴现率。因此，只有当净现值大于等于 0，投资方案才具有财务可行性。

2. 获利指数法

获利指数法是根据获利指数来评价方案优劣的一种方法。获利指数（记作 PI），又称现值指数，是指未来现金流入量的现值与现金流出量的现值的比率，或者说是投产后各年净现金流量的现值之和除以原始投资的现值。

获利指数是一个贴现的相对量正指标。它从动态的角度反映了投资项目的资金投入与总产出之间的关系，可以进行独立投资机会获利能力的比较。但它与净现值一样，无法直接反映投资项目的投资收益率。

获利指数可以看成是 1 元原始投资可望获得的现值净收益。它是一个相对数指标，反映的是投资的效率；而净现值指标是绝对数指标，反映的是投资的效益。只有当投资方案的获利指数大于或等于 1，说明其收益超过或等于成本，即投资报酬率超过或等于预定的贴现率，方案才具有财务可行性。

3. 内含报酬率法

内含报酬率法是根据方案本身的内含报酬率来评价方案优劣的一种方法。内含报酬率（记作 IRR），又称内部收益率，或内部报酬率，是指能够使未来现金流入量的现值等于未来现金流出量的现值的贴现率，或者说是使投资方案净现值为零的贴现率。

净现值和获利指数虽然考虑了资金的时间价值，可以说明投资方案高于或低于某一特定的投资报酬率，但没有揭示方案本身可以达到的实际报酬率水平。

内含报酬率是投资项目本身“固有”的最高可以实现的投资收益率。“固有”是指内含报酬率是投资项目的内生变量，本身不受资本市场利率的影响，而取决于投资项目本身所产生的现金流量，只要确定了预期现金流量，包括各期现金流量规模和持续时间，也就确定了内含报酬率。“最高”是指，内含报酬率反映投资项目所能达到的真实收益率，为投资者提供了一个选择期望要求报酬率的上限，即投资者的要求报酬率不能超过投资项目的内含报酬率，否则将无法偿还资本成本。

内含报酬率是一个折现的相对量正指标。它从动态的角度直接反映了投资项目实际收益水平，计算不受设定贴现率的影响。其缺点主要是计算过程比较麻烦，而借助计算机用插入函数法又无法求得真实的内含报酬率。

只有当内含报酬率大于或等于资本成本或投资人要求的收益率，方案才具有财务可行性。

第三节 预算管理

预算管理是企业管理的重要组成部分，是企业实现总体战略目标的重要途径。当企业的总体战略目标确定后，要将其分解落实到生产部、人力资源部、销售部等各个职能部门，形成各职能部门的目标，然后再以预算的方式对既定目标进行量化。如生产部门的生产目标，销售部门的销售目标，管理部门的费用控制目标等都会在预算中用相应的预算指标确定下来。在企业每一阶段的生产经营过程中，都应以本阶段的预算指标作为控制的标准和绩效考核的依据，以确保企业战略目标的实现。随着经营规模的增大和组织结构变得复杂，面对瞬息万变的市场环境，如果事先不通过预算的形式对未来一定期间的经营活动进行规划和统筹安排，其经营结果将很难预料。

一、预算概述

（一）预算的类型

1. 依据内容的不同划分

根据内容的不同，企业预算可以分为业务预算、专门决策预算和财务预算。

业务预算是与企业日常的生产经营活动直接相关的经营业务的各种预算。它主要包括生产预算、销售预算、直接材料预算、直接人工预算、制造费用预算、产品成本预算、销售费用预算和管理费用预算等。

专门决策预算是企业预测在一定时期内不经常发生的、一次性的重要决策预算，主要包括经营决策预算和资本支出预算。经营决策预算是与企业生产决策、存货决策、投资决策、筹资决策、利润分配决策等短期经营决策密切相关的专门决策预算。资本支出预算是与项目投资决策密切相关的专门决策预算。它主要根据经过审核批准的各个长期投资决策项目编制，并且需详细列出该项目在寿命周期内各个年度的现金流出量和现金流入量的明细资料。

财务预算是指反映企业在计划期内有关现金收支、财务状况和经营成果的预算，主要包括现金预算、预计资产负债表、预计利润表、预计现金流量表。财务预算作为全面预算的最后环节，能综合反映企业业务预算和专门决策预算的结果。也就是说，业务预算和专门决策预算可以用货币金额在财务预算中予以显示，因此，财务预算就成了各项业务预算和专门决策预算的整体计划，同时，财务预算在全面预算中占有举足轻重的地位。

2. 依据预算指标覆盖时间的长短划分

按预算指标覆盖时间的长短，企业预算可分为长期预算和短期预算。

通常将预算期在一年以上的预算称为长期预算，预算期在一年以内（含一年）的预算称为短期预算。由于长期投资所需资金金额较大，影响期较长，因此长期预算编制的好坏会影响到一个企业的长期财务目标是否能如期实现，影响到企业今后若干年后的经济效益，同时会影响企业短期预算的编制。

预算的编制时间长短须根据预算的内容和实际需要制定，可以是一周、一月、一季、一年或若干年等。在预算的编制过程中，往往应结合预算的特点，将长期预算和短期预算结合使用。一般来说，企业的业务预算和财务预算多为一年期的短期预算，年内再按季或月细分。

（二）预算的主要作用

企业财务管理的方法很多，但财务预算被认为是一个有效的管理模式，在企业经营管理中发挥着重大作用。一般认为，预算的作用主要表现在以下几个方面：

第一，有利于实现企业预期目标。通过预算可以控制企业经营活动过程，随时发现企业经营活动中出现的问题，并采取一定的措施进行补救，纠正不良偏差，通过有效方式实现企业预期目标。因此，预算具有规划、控制、引导企业经济活动有序进行、以最经济有效的方式实现预定目标的功能。

第二，有助于实现企业内部各部门之间的协调。在企业生产经营过程中，企业各个部门之间以及各部门与企业整体之间，存在着非常密切的联系，这些联系往往决定着企业整体利益与各部门及职工个人的利益，这就要求企业为了完成整体目标和任务，各部门之间必须紧密配合，相互协调，统筹兼顾，合理安排。各部门预算的综合平衡，能促使各部门管理人员清楚地了解本部门在全局中的地位和作用，尽可能地做好部门之间的协调工作。各部门之间只有协调一致，才能最大限度地实现企业整体目标最优化。如企业的生产部门、销售部门、财务部门等各部门可以根据该部门具体情况制订出最合适的计划，但该计划在其他部门不一定能行得通。生产部门编制的能充分利用现有生产能力的计划，但销售部可能无力将这些产品销售出去；销售部门根据市场预测提出了一个庞大的销售计划，生产部门可能没有足够的生产能力；生产部门和销售部门都认为企业应该扩大再生产，财务部门却认为无法筹集所需资金。全面预算经过综合权衡后可以解决各部门之间的冲突，可以使各部门在此基础上分工协作。

第三，有利于企业开展业绩考核。预算作为企业财务活动的行为标准，使各项活动的执行有章可循。财务预算为考核各部门及员工工作业绩提供了依据。经过分解落实的预算规划目标能与部门、责任人的业绩考评结合起来，成为奖勤罚懒、评估优劣的准绳。企业可以定期或不定期地检查考评各部门所承担工作任务的完成情况，确保企业总体目标的实现。因此，企业各职能部门应根据全面预算要求，有目的、有步骤地安排日常工作，组织生产经营活动，把实际成果与预算目标相对比，分析差异产生的原因，采取一定的措施，解决问题，保质保量地完成任务。

第四，为企业提供战略支持。企业管理最为核心的是财务战略管理，它对企业未来的走向进行规划，具有前瞻性特征。财务预算本质上是对未来的一种管理，它通过规划未来的发展指导现在的实践，因而具有战略性，对集团战略起着全方位的支持作用。战略支持最充分的体现是在预算的动态性上，它通过滚动预算和弹性预算形式，将未来置于现实之中。财务预算在企业战略指导下，定量反映企业的经营方针和经营目标，详细列示出实现企业战略目标应采取的方法和措施，有利于企业各部门及职工了解整个企业的经营战略，从而为实现企业战略目标而共同奋斗。

第五，有利于提高员工的参与度和积极性。参与预算不是单一部门或单一个人的管理行为，财务预算过程涉及方方面面，涉及企业的各个部门及所有员工，那种将财务预算视为部门管理或权威管理的想法是不对的。管理的对象是人，但管理的主体同样是人，如何调动全员的积极性，不能单凭一句口号，而必须付出实际行动。从管理实践上来看，要想全方位调动员工的积极性，必须提出一个目标，然后通过设置目标来激发和引导大家。因此，财务预算通过设置各项定量指标，使职工的需要与企业的目标挂钩，能充分调动员工的积极性，将企业管理作为人人自发的一种管理。

第六，有利于企业加强财务控制。预算是一种控制机制，作为一种控制机制，它将预算主体和预算单位的行为调和到“自我约束”和“自我激励”这一层面上。也就是说，预算作为一根“标杆”，使所有的预算执行主体知道自己的目标是什么，现在做得如何，如何努力完成预算，预算完成情况是如何与其自身绩效挂钩的，从而起到一种自我约束与自我激励相对等的作用。同时，对预算主体而言，有明确的依据进行考核，从而控制企业管理的运行过程，并保证结果的实现。从这一层面来看，财务预算对企业而言，既是对行为主体的行为过程控制，同时也是对其行为结果控制的一种机制。

二、预算编制的方法和程序

（一）预算编制的方法

企业财务预算的方法较多，常见的方法包括增量预算、零基预算、弹性预算、固定预算、定期预算和滚动预算，这些方法可广泛应用于与企业营业活动有关预算的编制。

1. 增量预算与零基预算

（1）增量预算。增量预算是以基期成本费用为基础，结合预算期业务量水平及有关降低成本的措施，通过调整有关费用项目而编制预算的方法。增量预算以过去发生的成本费用水平为基础，主张在原来的预算内容上不进行大幅调整，其缺陷是可能导致无效费用开支项目无法得到有效控制，因为保留原来的成本费用项目，可能使原来不合理的费用继续开支而得不到控制，导致预算上的浪费。

预算编制的基本程序和方法如下：

第一，将销售费用分解为固定费用和变动费用两部分。

第二，销售收入在一定范围内变动，固定费用项目的金额保持不变，而假定变动费用项目的金额和销售收入同比例变动。

第三，汇总各明细费用指标，确定销售费用预算总额。

（2）零基预算。零基预算的全称是“以零为基础的编制计划和预算的方法”，它不考虑以往会计期间发生的费用项目和费用支出水平，所有财务活动的预算支出都以零为基础，根据企业实际需要逐项审议预算期内各项费用的内容及开支标准是否必要合理，在综合平衡的基础上编制费用预算。

零基预算法的基本程序如下：

第一，确定预算单位。预算单位是指要编制预算的基层单位。凡是能够确定成本、费用和效益的责任单位，都可以作为预算单位，零基预算的设计者对如何确定预算单位没有做出硬性要求。

第二，编制各基层预算单位费用预算方案。首先企业应提出总体的预算目标，然后基层预算单位根据企业的总目标和自身的责任目标，详细讨论预算期内需要发生的费用项目，并对每一费用项目具体说明费用开支的目的、作用和需要开支的金额。

第三，成本效益分析。成立由企业董事长、总经理、总会计师等组成的预算管理委员会，预算管理委员会对各项业务活动所需要的费用和所取得的收益进行比较分析，综合权衡各项业务的轻重缓急，判断各项费用支出的合理程度，确定等级，进行先后排序。

第四，分配资金，落实预算。企业根据预算项目的等级和先后顺序分配资金，落实预算，让有限的资金获得更大的收益。

第五，编制并执行预算。资金分配方案确定后，再进行汇总，编制正式的预算方案，经批准后下达执行。执行预算的过程中遇到偏离预算的地方及时纠正，发现费用预算不合理的地方要及时修正。

零基预算的优点是：预算的编制不受现有费用项目的限制；不仅能压缩经费支出，而且能把有限的经费用到企业最需要的项目上；不受现行预算的束缚，能充分调动企业各级管理人员的工作积极性，促使各级预算部门精打细算，合理使用资金，提高资金的使用效率。其缺点有：由于一切支出均以零为起点进行分析，所以编制预算的工作量较大。有的企业每隔若干年进行一次零基预算，以后几年略做适当调整，这样既减少了预算编制的工作量，又能适当控制费用。

一般来说，学校或事业单位相对企业而言更适宜运用零基预算法控制经费。在国外，已有这方面的经验，如美国的斯坦福大学曾运用零基预算，有效地削减了公共服务补助支出和多余人员的数量及其薪资支出；美国审计署则认为零基预算的概率是正确的，是能够执行的，并已经被成功地与某些组织的预算制度结合起来了。

2. 固定预算与弹性预算

（1）固定预算

固定预算又称静态预算，是指在编制预算时，只把企业预算期的业务量（如生产量、销售量等）固定在某一可能实现的水平上，不考虑企业生产活动可能发生的变动因素而编制的预算。固定预算只适用于业务量比较稳定的企业。

固定预算的缺点表现在以下两个方面：一是适应性差。按固定预算法编制预算的业务量基础是事先假定的某一固定业务量，所以，不管预算期内业务量水平实际可能发生哪些变动，都只按事先确定的某一个业务量水平作为编制预算的基础。二是可比性差。当实际的业务量与编制预算的业务量发生较大差异时，有关预算指标的实际数与预算数就会因业务量基础不同而失去可比性。如某企业预计业务量为销售 10 万件产品，按此业务量给销售部门的预算费用为 1 万元。如果该销售部门实际销售量达到了 12 万件，超出了预算业务量，则固定预算下的费用预算仍为 1 万元。

随着产量的变动重新编制固定预算的做法，虽然便于考核，但由于产量变化比较频繁，这样预算编制的工作量很大。

（2）弹性预算

弹性预算又称变动预算，是指在成本习性的基础上，考虑到预算期内业务量可能发生变动，编制出一套适合多种业务量的成本预算方法，以便反映在各种业务量的情况下所应支付的成本水平。在成本习性中，将成本分为变动成本和固定成本。变动成本是指成本总额随着业务量变动而呈线性变动的那部分成本。属于变动成本的主要有直接材料、直接人工等。固定成本是指成本总额在一定时期和一定业务量范围内，不随业务量发生任何变动的那部分成本。属于固定成本的主要有管理人员工资、折旧费、办公费、利息费等。

弹性预算一般适用于与预算执行单位业务量有关的成本、利润等预算项目。弹性预算的成本计算公式如下：

成本总额=固定成本预算数+Σ（单位变动成本预算数×预计业务量）

成本的弹性预算编制完成后，就可以编制利润的弹性预算。利润的弹性预算反映了企业在预算期内各种业务水平上应该获得的利润指标。

弹性预算的优点在于：一方面，能够适应企业不同经营活动的变化，扩大了预算的范围，能更好地发挥预算的控制作用，避免在实际情况发生变化时，对预算进行频繁修改；另一方面，能够客观地对预算的实际执行情况进行评价和考核。

3. 定期预算与滚动预算

（1）定期预算

定期预算是以不变的会计期间（如会计年度、半年度、季度、月度）作为预算期的一种编制预算的方法。企业在采用固定预算、弹性预算、增量预算、零基预算等预算编制方法编制预算时，通常都是以不变的会计期间作为预算期，因此都可以成为定期预算。

定期预算的优点是能够使预算期间与会计期间保持一致，便于将实际数据与预算数据进行比较，有利于对预算执行情况进行客观的评价和考核。

定期预算的缺点主要有以下几点：一是盲目性大。定期预算一般在预算年度开始前两三个月开始编制，预算编制部门难以预测年度的生产经营活动，尤其是对预算年度后期的预算，往往只能进行大致的估算，这就导致预算执行难度较大。二是连续性较差。企业的生产经营活动是连续不断的，但是采用定期预算编制一个会计期间的预算时，很少考虑前后各期之间生产经营活动的连续性，容易造成这个预算期间预算衔接的难度。三是容易导致企业的短期行为。采用定期预算法编制的预算没有考虑本预算期以后的企业利益，容易导致企业各级管理人员为了完成本期预算目标而不惜一切代价做出损害企业长远利益的短期行为。

（2）滚动预算

滚动预算是指随着时间的推移和预算的执行，预算期间不断向后滚动延伸，预算内容不断进行调整补充，是预算期始终保持在一个固定期间的一种预算方法。滚动预算的基本做法是使预算期始终保持在某一固定期间（如一年、一个季度、一个月），通常是一个月。当年度预算编制完成后，每过去一个季度或一个月，就需要立即在期末增加一个季度或一个月的预算，逐期往后滚动，因而在任何一个时期都使预算保持为一年的时间长度。这种预算使企业各级管理人员对未来始终保持一年时间的考虑和规划，从而保证企业的经营管理工作能够稳定有序地进行。

（二）预算编制的基本程序

企业应当设立预算管理委员会履行全面预算管理职责，其成员由企业负责人及内部相关部门负责人组成。预算管理委员会主要负责拟定预算目标和预算政策，制定预算管理的具体措施和办法，组织编制、平衡预算草案，下达经批准的预算，协调解决预算编制和执行中的问题，考核预算执行情况，督促完成预算目标。预算管理委员会下设预算管理工作机构，由其履行日常管理职责。预算管理工作机构一般设在财会部门。总会计师或分管会计工作的负责人应当协助企业负责人负责企业全面预算管理工作的组织领导。企业编制预算一般应按照“上下结合、分级编制、逐级汇总”的程序进行。

（1）下达目标。企业董事会或总经理办公会根据企业发展战略和预期经济形势的初步预测，在决策的基础上，提出下一年度预算目标，包括销售或营业目标、成本费用目标、利润目标和现金流量目标，并确定预算编制的政策，由预算管理委员会下达各预算执行单位。

（2）编制上报。各预算执行单位按照企业预算管理委员会下达的预算目标和政策，结合自身特点以及预测的执行条件，提出详细的本单位预算方案，上报企业财会部门。

（3）审查平衡。企业财会部门对各预算执行单位上报的财务预算方案进行审查、汇总，提出综合平衡的建议。在审查、平衡过程中，预算管理委员会应当进行充分协调，对发现的问题提出初步调整意见，并反馈给有关预算执行单位予以修正。

（4）审议批准。企业财会部门在有关预算执行单位修正调整的基础上，编制出企业预算方案，报预算管理委员会讨论。对于不符合企业发展战略或预算目标的事项，企业预算管理委员会应责成有关预算执行单位进一步修订、调整。在讨论、调整的基础上，企业财会部门正式编制企业年度预算草案，提交董事会或总经理办公会审议批准。

（5）下达执行。企业财会部门对董事会或总经理办公会审议批准的年度总预算，一般在次年 3 月底之前，分解成一系列的指标体系，由预算管理委员会逐级下达各预算执行单位执行。

三、预算的执行、调整和考核

（一）预算的执行

企业全面预算一经批准下达，各预算执行单位应当认真组织实施，将预算指标层层分解，从横向和纵向落实到内部各部门、各环节和各岗位，形成全方位的预算执行责任体系。

企业应当以年度预算作为组织、协调各项生产经营活动的基本依据，将年度预算细分为季度、月度预算，通过实施分期预算控制，实现年度预算目标。

企业应当根据全面预算管理要求，组织各项生产经营活动和投融资活动。

企业应当加强资金收付业务的预算控制，及时组织资金收入，严格控制资金支付，调节资金收付平衡，防范支付风险。对于超预算或预算外的资金支付，应当实行严格的审批制度。

企业办理采购与付款、销售与收款、成本费用、工程项目、对外投融资、研究与开发、信息系统、人力资源、安全环保、资产购置与维护等业务和事项，均应符合预算要求。涉及生产过程和成本费用的，还应执行相关计划、定额、定率标准。

企业应当严格执行销售、生产和成本费用预算，努力完成利润指标。在日常控制中，企业应当健全凭证记录，完善各项管理规章制度，严格执行生产经营月度计划和成本费用的定额、定率标准，加强适时控制。对预算执行过程中出现的异常情况，企业有关部门应及时查明原因，提出解决办法。

企业应当建立预算报告制度，要求各预算单位定期报告预算的执行情况。对预算执行过程中发现的新问题、新情况及出现偏差较大的重大项目，企业财务管理部门以至预算管理委员会应当责成有关预算执行单位查找原因，提出改进经营管理的措施和建议。

企业预算管理工作机构应当加强与各预算执行单位的沟通，运用财务信息和其他相关资料监控预算执行情况，采用恰当方式及时向决策机构和各预算执行单位报告、反馈预算执行进度、执行差异及其对预算目标的影响，促进企业全面预算目标的实现。

（二）预算的调整要求

企业已正式下达执行的预算，一般不予调整。如果预算执行单位在执行中由于市场环境、经营条件、政策法规等发生重大变化，致使预算的编制基础不成立，或者可能导致预算执行结果产生重大偏差的，可以调整预算。

企业应当建立内部弹性预算制度，对于不影响预算目标的业务预算、专门决策预算，企业可以按照内部授权批准制度执行，鼓励预算执行单位及时采取有效的经营管理对策，保证预算目标的实现。

企业调整预算，应当由预算执行单位逐级向企业预算管理委员会提出书面报告，书面报告中要明确说明预算执行的具体情况、客观因素变化情况及其对预算执行造成的影响程度，并提出预算指标的调整幅度。

企业财务管理部门应当对预算执行单位的预算调整报告进行审核，集中编制企业年度预算调整方案，提交预算管理委员会以至企业董事会或总经理办公会审议批准，然后下达执行。

对于预算执行单位提出的预算调整事项，企业进行决策时，一般应遵循以下要求：第一，预算调整事项不能偏离企业发展战略；第二，预算调整方案应该在经济上实现最优化；第三，预算调整重点应当放在预算执行中出现的重要的、非正常的、不符合常规的关键性差异方面。

（三）预算的分析与考核

企业应当建立预算分析制度，由预算管理委员会定期召开预算执行分析会议，全面掌握预算的执行情况，研究和解决预算执行中存在的问题，纠正预算的执行偏差。

企业管理部门及各预算执行单位应当充分收集有关财务、市场、政策、法律等方面的信息资料，根据不同情况分别采用比率分析、比较分析、因素分析、平衡分析等方法开展预算执行分析，从定量和定性两个层面充分反映预算执行单位的现状、发展趋势及其存在的潜力。

预算执行过程中存在的偏差，企业财务管理部门及各预算执行单位应充分、客观地分析产生的原因，并提出相应的解决措施，提交董事会或总经理办公会研究决定。

企业预算管理委员会应定期组织预算审计，纠正预算执行中存在的问题，充分发挥内部审计的监督作用，维护预算管理的严肃性。

预算审计可以采用全面审计或抽样审计，在特殊情况下，企业也可以组织不定期的专项审计。审计工作结束后，由企业内部审计机构根据审计情况形成审计报告，直接提交给预算管理委员会以至企业董事会或总经理办公会，作为调整预算、改进内部经营管理和财务考核的一项重要参考依据。

预算年度结束后，预算管理委员会应向董事会或总经理办公会报告预算执行情况，并根据预算完成情况和预算审计情况对预算执行单位进行考核。

企业内部预算执行单位上报的预算执行报告，应经本部门、本单位负责人按照内部规范审议通过，作为企业进行财务考核的基本依据。企业预算按调整后的预算执行，预算完成情况以企业年度财务会计报告为准。

企业预算执行考核是企业绩效评价的主要内容，应当结合年度内部经济责任制进行考核，与预算执行单位负责人的奖惩挂钩，并作为企业内部人力资源管理的参考。

第四节 营运资金管理

一、营运资金概要

营运资金有广义和狭义之分。广义的营运资金又称总营运资金，是指一个企业投放在流动资产上的资金，包括现金、有价证券、应收账款、存货等占用的资金。狭义的营运资金也叫净营运资金，是指流动资产减去流动负债后的差额①。营运资金的管理既包括流动资产的管理，也包括流动负债的管理。

（一）营运资金的特点

要想有效地管理企业的营运资金，就必须把握营运资金的特点，以便开展针对性的管理。营运资金一般具有以下特点：

第一，营运资金周转期短。企业占用在流动资产上的资金周转期较短，通常是在一年或超过一年的一个营业周期内收回。根据这一特点，企业可以采用短期的筹资方式解决对营运资金的需求，如利用短期借款、商业信用等筹资方式提供营运资金。

第二，营运资金占用形态变动性大。营运资金每次循环都要经过采购、生产、销售等过程，例如，先用现金购买原材料，再投入生产形成在产品和产成品，然后销售产品形成应收账款，最后收回应收账款得到现金。可见在这个循环过程中，营运资金的占用形态是不断变化着的。为此，企业有必要在不同形态的流动资产上合理配置资金，以促进资金循环周转的顺利进行。

第三，营运资金占用数量波动性强。营运资金占用的数量会随着企业内外经营条件的变化而变化，时高时低，波动很大。特别是季节性生产的企业，其营运资金的占用数量在不同季节之间的波动更加明显。一般而言，在营运资金的波动过程中，流动负债和流动资产的变动方向是相同的。例如，随着销售的增加，存货和应收账款等流动资产的资金占用会增加，同时，应付账款等自发性的流动负债也会增加。根据营运资金占用数量波动性强的特点，企业应事先预计不同时期营运资金的需求量，及时筹措所需要的营运资金，合理调整不同时期的营运资金占用量。

第四，营运资金变现性强。交易性金融资产、应收账款和存货等流动资产一般具有较

---

① 杨忠智. 财务管理［M］. 厦门：厦门大学出版社，2015：251.

强的变现能力，企业如果遭遇意外情况而现金短缺、资金周转不灵时，可以迅速变卖这些流动资产，获取所需要的现金，帮助企业渡过难关。因此，持有适当的流动资产对企业应付临时性的资金需求具有重要的意义。企业应该根据营运资金变现性强的特点，合理配置资产结构，保留适当比例的流动资产。

第五，营运资金来源灵活多样。企业筹集长期资金的方式一般包括吸收直接投资、发行股票、发行债券等方式。与此相比，企业筹集营运资金的方式更加灵活多样，通常包括短期借款、短期融资券、商业信用、应交税费、应付股利、应付职工薪酬等多种内、外部融资方式。企业应该根据营运资金来源灵活多样的特点，根据筹资需求选择最合适的筹资方式。

（二）营运资金管理的原则

第一，满足合理的资金需求。企业营运资金的需求数量与企业生产经营活动有直接关系。一般情况下，当企业产销两旺时，流动资产会不断增加，流动负债也会相应增加；而当企业产销量不断减少时，流动资产和流动负债也会相应减少。企业财务人员应以满足正常合理的资金需求作为首要任务，认真分析生产经营状况，采用一定的方法预测营运资金的需要数量，并及时筹措、安排所需要的营运资金。

第二，提高资金使用效率。营运资金的周转是指企业的营运资金从现金投入生产经营开始，到最终转化为现金的过程。提高营运资金使用效率的关键就是采取得力措施，缩短营业周期，加速变现过程，加快营运资金周转。企业应在成本效益分析的基础上千方百计加速存货、应收账款等流动资产的周转，以使用有限的资金服务于更大的产业规模，为企业取得更优的经济效益提供条件。

第三，节约资金使用成本。在营运资金管理中，必须正确处理保证生产经营需要和节约资金使用成本两者之间的关系。要在保证生产经营需要的前提下，尽力降低资金使用成本。一方面，要挖掘资金潜力，加速资金周转，精打细算地使用资金；另一方面，积极拓展融资渠道，合理配置资源，筹措低成本资金，服务于生产经营。

第四，保持足够的短期偿债能力。偿债能力是企业财务风险高低的标志之一。合理安排流动资产与流动负债的比例关系，保持流动资产结构与流动负债结构的适配性，保证企业有足够的短期偿债能力是营运资金管理的重要原则之一。流动负债是在短期内需要偿还的债务，而流动资产则是在短期内可以转化为现金的资产，两者之间的关系能较好地反映企业的短期偿债能力。如果一个企业的流动资产比较多，流动负债比较少，说明企业的短期偿债能力较强；反之，则说明短期偿债能力较弱。但如果企业的流动资产太多，流动负债太少，也不是正常现象，可能是企业流动资产闲置或流动负债利用不足而导致的。

企业需要遵循上述营运资金管理原则，评估营运资金管理中的风险和收益，制定流动资产投资策略和融资策略，对企业该拥有多少流动资产以及如何获取流动资产融资进行决策。实践中，这两方面的决策往往同时开展并且相互影响。

二、现金管理

现金有狭义和广义之分，狭义现金是指企业的库存现金，广义现金是指货币形态表现的资金，包括库存现金、银行存款和其他货币资金，这里所讲的现金是指广义的现金。

现金是流动资产中流动性最强的资产，拥有较多的现金，企业就具有较强的偿债能力和抗风险能力。但现金的收益性最弱，即使是银行存款，其利率也是很低的，因此，现金的持有量不是越多越好。企业现金管理的目标是要在现金的流动性和收益性之间进行权衡，在确保必要的资产流动性的同时，降低现金持有量，提高现金的使用效率。

（一）持有现金的动机

企业持有现金出于以下三方面的动机：交易动机、预防动机和投机动机。

1. 交易动机。交易动机又称支付动机，是指企业为满足正常生产经营活动中的各种支付需要而持有的现金，包括为购买原材料、支付工资、上缴税收等日常支出而持有的现金，这是企业持有现金的主要动机。企业日常生产经营发生很多支出和收入，这些支出和收入很少同时等额发生，因此，企业保留适当的现金余额是完全必要的，以避免企业的现金收支不平衡时，中断正常的生产经营活动。

2. 预防动机。预防动机是指企业为应付突发事件需要保持一定数量的现金。这种突发事件包括自然灾害、生产事故、未能及时收回货款等。预防性现金量的多少主要取决于以下三个方面：一是企业现金流量预测的可靠性；二是企业临时举债能力的强弱；三是企业愿意承担现金短缺风险的程度。一般而言，现金流量预测的可靠性较高，临时举债能力较强，愿意承担现金短缺风险的程度较高的企业，其预防动机的现金持有量较低。

3. 投机动机。投机动机是指为抓住突然出现的获利机会而持有的现金。如抓住市场廉价供给原材料或其他资产的机会，或抓住机会以较低价格购进预计上涨的有价证券等。这种获利机会通常一闪即逝，如果企业没有用于投机的现金，就会错过这种机会。通常，投机动机不是生产型企业的主要现金持有动机。

企业的现金持有量一般小于三种动机下的现金持有量之和，因为三种动机的现金持有量可以在一定程度上调剂使用。

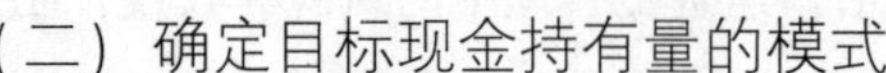

（二）确定目标现金持有量的模式

1. 现金周转期模式

现金周转期模式是利用现金周转期求得最佳现金持有量。现金周转期是指从现金投入生产经营开始，到最终转化为现金为止所经历的时间。它大致包括以下三个部分：一是存货周转期，即将原材料转化为产成品并出售所需要的时间；二是应收账款周转期，也叫收现期，即从产品销售形成应收账款到收回现金所需要的时间；三是应付账款周转期，即从收到尚未付款的原材料开始到实际支付价款时所用的时间。

现金周转期模式确定最佳现金持有量的步骤如下：

第一，计算现金周转期。其计算公式为：

现金周转期=平均存货周转期+平均应收账款周转期−平均应付账款周转期

第二，计算现金周转率。现金周转率是指一定时期内现金的周转次数。若计算某一年的现金周转率，其计算公式如下：

$$\text{现金周转率}=\frac{360}{\text{现金周转期}}$$

第三，计算最佳现金持有量。某一年的最佳现金持有量等于该年预计现金总需要量除以现金周转率。其计算公式如下：

$$\text{某年最佳现金持有量}=\frac{\text{该年预计现金总需要量}}{\text{现金周转率}}$$

2. 成本分析模式

成本分析模式考虑持有现金所发生的机会成本、管理成本和短缺成本。

（1）机会成本。持有现金的机会成本是指因为持有一定量现金所丧失的再投资收益，即因为持有现金不能将其用于有价证券投资而产生的机会成本，在数额上通常视同为持有现金的资金成本。例如，假设一个企业的资本成本为 10%，年均持有现金 100 万元，则该企业每年持有现金的机会成本为 10 万元（100×10%）。在资本成本率既定的条件下，持有现金的机会成本与现金持有量成正比，是一种变动成本。

（2）管理成本。持有现金的管理成本是指企业因为持有一定量的现金而发生的管理费用，比如现金管理人员的工资、现金安全保护措施所发生的费用等。通常认为在一定的持有量范围内，持有现金的管理成本不会随持有量的变化而变化，是一种固定成本。

（3）短缺成本。持有现金的短缺成本是指企业因为现金持有量不足且又无法及时通过有价证券变现加以补充而给企业造成的损失。比如由于现金短缺而无法购进急需的原材料，使企业的生产经营中断而给企业造成的损失，再如由于现金短缺而无法按时支付货款而造成的信用损失。持有现金的短缺成本与现金持有量之间呈负相关关系，其发生额随现金持有量的增加而下降，随现金持有量的减少而上升。

在成本分析模式下，最佳现金持有量是能使机会成本、管理成本和短缺成本的总和达到最小的持有量。其中，管理成本在现金持有量发生变动时保持不变，机会成本随持有量正相关变动，短缺成本随持有量负相关变动，三者总和即总成本达到最低时，所对应的现金持有量为最佳持有量。

3. 存货模式

存货模式借鉴存货经济订货批量模型来确定最佳现金持有量。和成本分析模式类似，存货模式确定最佳现金持有量也要使相关总成本达到最低，但两者考虑的相关成本的内容不同。存货模式认为持有现金的管理成本因为比较稳定，与持有量关系不大，是固定成本，因此可以视为决策的无关成本而不需要考虑。此外，由于现金是否会发生短缺、短缺多少、概率多大以及各种短缺情形发生时可能的损失如何，都存在很大的不确定性并且计量困难，所以存货模式不考虑短缺成本。

存货模式下只考虑机会成本和转换成本。其中转换成本是指企业用现金购入有价证券以及用有价证券换取现金时付出的交易费用，即现金同有价证券之间相互转换的成本，如买卖佣金、手续费、证券过户费、印花税等。转换成本可以分为两类：一是与委托转换的金额相关的费用，如买卖佣金、印花税等，这部分转换成本从某个预算期间（如一年）来看是固定不变的，是一种固定成本，因为委托转换的总额是可预计的、视为常数的预算期现金总需要量；二是与委托金额无关而与转换次数有关的费用，如委托手续费、过户费等，这部分转换成本每次发生额固定不变，但整个预算期内的发生总额与预算期内的转换次数成正比，所以是一种变动成本。由于固定转换成本固定不变，与决策无关，所以存货模式下考虑的转换成本是相关的变动转换成本。在预计现金总需要量不变的条件下，现金持有量越高，每次委托转换的金额越大，预算期内转换的次数就越少，变动转换成本就越低。

存货模式确定最佳现金持有量时有下列基本假设：（1）企业所需现金可确保在需要时通过有价证券变现取得；（2）企业预算期内的现金总需要量可以预计；（3）现金支出过程均衡、稳定；（4）有价证券的投资报酬率以及每次转换发生的固定交易费用稳定、可知。

4. 随机模式

随机模式认为公司现金流量存在不确定性，在确定公司目标现金持有量时，必须充分考虑这种不确定性。该模式假定公司每日现金流量的分布接近于正态分布，每日现金流量可能高于也可能低于期望值，其变化是随机的。由于现金流量波动是随机的，只能对现金持有量确定一个控制区域，定出上限和下限。当企业现金余额在上下限之间波动时，表明企业的现金持有量处于合理的水平，不需要在现金和有价证券之间进行转换调整。当企业现金余额达到上限时，则将部分现金用于购买有价证券，使现金持有量下降；当现金余额达到下限时，则变卖部分有价证券，使现金持有量回升。

（三）现金收支管理工作要点

现金收支管理的目的在于提高现金使用效率，为达到这一目的，应做好以下几方面的工作：

一是尽量做到现金流量同步。如果企业能做到现金流量同步，使企业的现金流入与现金流出在数量上和时间上趋于一致，就可以使其所持有的交易性动机的现金余额降低到最低水平。

二是合理使用现金浮游量。现金的浮游量是指企业账户上的现金余额与银行账户上所示的企业存款余额之间的差额。从企业开出支票，收款人收到支票存入银行，至银行将款项划出企业账户，支票金额对应的现金在这段时间里的占用即为现金浮游量。现金浮游量是企业已付，银行未付的款项，尽管企业已经开出了支票，但仍可在活期存款账户上动用这笔资金。需要注意的是，企业利用现金浮游量必须控制好时间，以免发生透支现象。

三是加速收款。加速收款主要是指缩短应收账款周转期。发生应收账款会增加企业资金的占用，但它又是必要的，因为它可以扩大销售规模，增加销售收入。关键是要做到一方面利用应收账款吸引客户，另一方面还要想办法缩短收款时间。为此，企业需要权衡确定合理的收账政策。此外，企业想办法尽量缩短从客户开出支票到将支票送交银行办理结算的时间也能起到加速收款的作用。

四是推迟应付款项的支付。推迟应付款项的支付是指企业在不影响自身信誉的条件下，充分利用供货方提供的信用优惠，尽可能地推迟应付款的支付期。如果急需现金，企业甚至可以放弃供货方的现金折扣优惠，在信用期的最后一天支付款项。当然，放弃现金折扣的成本是很高的，需要权衡利弊得失定夺。

三、应收账款管理

（一）应收账款管理的目标

应收账款从其产生来看主要有两个原因：其一，适应商业竞争的需要。在竞争机制的作用下，迫使企业以各种手段扩大销售。除了依靠产品质量、价格、售后服务、广告等之外，企业实施赊销策略也是扩大销售的手段之一。企业适应竞争的需要采用赊销方式而形成的应收账款是一种商业信用，是应收账款发生的主要原因。其二，企业销售和收款上的时间差。就一般批发和大量生产的企业而言，发货的时间和收到货款的时间往往不同，作为销售方的企业承担由此产生的资金垫支，形成应收账款。由于销售和收款上的时间差造成的应收账款不属于商业信用，也不是应收账款管理的主要对象。

应收账款具有两面性：一方面企业通过提供商业信用，采取赊销、分期付款等销售方式，可以扩大销售收入，降低存货，增加利润；另一方面较高的应收账款会导致较高的相关成本发生。同时较高的应收账款，导致较高的资金占用，从而会影响企业资金的流动性和资金的利用效率。因此，应收账款的管理目标在于：在通过应收账款管理扩大销售收入、提高竞争能力的同时，尽可能地控制应收账款相关成本，并提高应收账款的流动性。

（二）应收账款的成本

应收账款的成本主要包括机会成本、管理成本和坏账成本。

1. 机会成本

应收账款的机会成本是指因资金投放在应收账款上而丧失的其他投资收益。应收账款会占用企业一定量的资金，而企业如果不把这部分资金投放于应收账款，便可以用于其他投资并可能获得收益，例如，可以投资债券获得利息收入。应收账款的机会成本并不是实际发生的成本。应收账款的机会成本可按以下公式计算：

$$\text{应收账款机会成本}=\text{维持赊销业务所需要的资金}\times\text{资本成本}$$

维持赊销业务所需要的资金计算公式为：

$$\text{维持赊销业务所需要的资金}=\text{应收账款平均余额}\times\text{变动成本率}$$

其中：

$$\text{应收账款平均余额}=\frac{\text{年赊销额}}{360}\times\text{平均收现期}$$

2. 管理成本

应收账款的管理成本是指企业为管理应收账款而发生的开支，是从应收账款发生到收回期间所有与应收账款管理系统运行有关的费用。主要包括调查客户信用状况的费用、收集信用信息的费用、应收账款簿记费用、收账费用和相关管理人员成本。当应收账款的规模属于某个特定范围时，其管理成本一般比较稳定，可视为固定成本。当应收账款的规模脱离某个特定范围后，其管理成本将跳跃到一个新的水平再继续保持一种固定成本的属性。

3. 坏账成本

应收账款的坏账成本是指由于应收账款因故不能收回而给企业带来的损失。坏账成本的高低与客户的信用状况有直接关系，且与企业的管理水平相关。企业管理水平越高，对客户信用状况的调查越全面、仔细，对客户的监督和催讨越有力，则坏账损失发生额就越低。坏账成本的测算一般是通过坏账损失率与赊销收入相乘得到。即：

坏账成本=年赊销额×坏账损失率

（三）应收账款的日常管理

应收账款管理难度较大，需要在平时做好客户信用调查、客户信用评估、日常追踪及应收账款的保理等工作。

1. 客户信用调查

信用调查是指收集和整理反映客户信用状况的有关资料的工作，它是正确评价客户信用的前提条件，是企业应收账款日常的基础。客户的信用调查一般有以下途径：

（1）直接调查。直接调查是指调查人员通过与被调查单位进行直接接触，通过当面采访、询问、观看等方式获取信用资料的方法。直接调查有利于企业快速、直接地获取所需要的信息，但直接调查获得的资料基本上是感性的资料，而且被调查单位有可能抵触调查或隐瞒对自己不利的信息。

（2）间接调查。间接调查是以被调查单位及其他单位保存的有关原始记录和核算资料为基础，通过加工整理获得被调查单位信用资料的一种方法。这些资料主要来自以下几个方面：

①财务报表。通过财务报表分析，可以基本掌握一个企业的财务状况和信用状况。

②信用评估机构。因为评估方法先进，评估调查细致，评估程序合理，所以专门的信用评估部门可信度较高。在我国，目前的信用评估机构有三种形式：第一种是独立的社会评级机构，它们根据自身的业务需要吸收有关专家参加，不受行政干预和集团利益的牵制，独立自主地开办信用评估业务；第二种是政策性银行、政策性保险公司负责组织的评估机构，一般由政策性银行、政策性保险公司的有关人员和各部门专家进行评估；第三种是由商业银行、商业性保险公司组织的评估机构，由商业性银行、商业性保险公司组织专家对其客户进行评估。

③银行。银行是信用资料的一个重要来源，许多银行都设有信用部，为其顾客服务，并负责对其顾客信用状况进行记录、评估。但银行的资料一般仅愿意在内部及同行间进行交流，而不愿向其他单位提供。

④其他途径。如财税部门、工商管理部门、消费者协会等机构都可能提供相关的信用状况资料。

2. 客户信用评估

收集好客户信用资料以后，就需要对这些资料进行分析、评价。企业一般采用“5C”系统来评价，并对客户信用进行等级划分。在信用等级方面，目前主要有两种：一种是三类九等，即将企业的信用状况分为 A、B、C 三类，以及 AAA、AA、A、BBB、BB、B、CCC、CC、C 九等，其中 AAA 为信用最优等级，C 为信用最低等级。另一种是三级制，即分为 AAA、AA、A 三个信用等级。

3. 应收账款的追踪分析

为了按期足额收回应收账款，企业有必要对该应收账款进行追踪分析。

（1）应收账款账龄分析。应收账款账龄分析是对应收账款账龄结构的分析，是指企业在某一时刻，将所发生在外各笔应收账款按照开票日期进行归类，计算出不同账龄的应收账款占总额的比重。

（2）应收账款收现保证率分析。应收账款收现保证率是为了适应企业现金收支匹配关系的需要，确定出的有效收现的账款应占全部应收账款的百分比，是二者应当保持的最低比例。其计算公式为：

$$\text{某期应收账款收现保证率}=\frac{\text{当期必要现金支付总额}-\text{当期其他稳定可靠的现金流入总额}}{\text{当期应收账款总额}}$$

应收账款收现保证率指标反映了企业既定会计期间预期现金支付总额扣除各种可靠、稳定的现金来源后，必须通过应收账款有效收现予以弥补的最低保证程度，是企业控制应收账款收现水平的基本依据。

4. 应收账款的保理

保理又称托收保付，是指卖方（供应商或出口商）与保理商间存在的一种契约关系。根据契约，卖方将其现在或将来的基于其与买方（债务人）订立的货物销售（服务）合同所产生的应收账款转让给保理商，由保理商提供下列服务中的至少两项：贸易融资、销售账户管理、应收账款的催收、信用风险控制与坏账担保。可见，保理是一项综合性的金融服务方式，其同单纯的融资或收账管理有较大区别。

应收账款保理是企业将赊销形成的未到期应收账款，在满足一定条件的情况下转让给保理商，以获得流动资金，加快资金的周转。保理可以分为有追索权保理（非买断型）和无追索权保理（买断型）、明保理和暗保理、折扣保理和到期保理。

有追索权保理是指供应商将债权转让给保理商，供应商向保理商融通货币资金后，如果购货商拒绝付款或无力付款，保理商有权向供应商要求偿还预付的货币资金，如购货商破产或无力支付，只要有关款项到期未能收回，保理商都有权向供应商进行追索，因而保理商具有全部“追索权”，这种保理方式在我国采用较多。无追索权保理是指保理商将销售合同完全买断，并承担全部的收款风险。

明保理是指保理商和供应商需要将销售合同被转让的情况通知购货商，并签订保理商、供应商、购货商之间的三方合同。暗保理是指供应商为了避免让客户知道自己因流动资金不足而转让应收账款，并不将债权转让情况通知客户。

折扣保理又称为融资保理，即在销售合同到期前，保理商将剩余未收款部分先预付给销售商，一般不超过全部合同额的70%~90%。到期保理是指保理商并不提供预付账款融资，而是在赊销到期时才支付，届时不管货款是否收到，保理商都必须向销售商支付货款。

应收账款保理对企业而言，其财务管理作用主要体现在：第一，融资功能。应收账款保理，其实质是利用未到期应收账款这种流动资产作为抵押进行融资。对于规模小、销售业务少的企业来说，利用保理业务进行融资是一种较便利的选择。第二，减轻应收账款的管理负担。面对市场的激烈竞争，企业可以选择把应收账款转让给专门的保理商进行管理，使企业从应收账款的管理之中解脱出来。第三，减少坏账损失、降低经营风险。企业可以利用买断型保理，将全部的收款风险转由保理商承担，有效地减少坏账损失。第四，增强销售能力。由于企业有能力利用应收账款保理融资，企业会对采购商的付款期限做出较大让步，从而大大增加了销售合同成功签订的可能性，拓宽了企业的销售渠道。

四、存货管理

存货是指企业在生产经营过程中为生产或销售而储备的物质，包括原材料、在产品、半成品、产成品等。存货是联系产品的生产和销售的重要环节，存货控制或管理效率的高低，直接反映并决定着企业收益、风险、流动性的综合水平，而且对大多数企业来说，存货在营运资金中往往占有较大的比重。因此，存货管理是企业财务管理的一项重要内容。

（一）存货的功能表现

存货的功能是指存货在生产经营过程中的作用，具体表现在：

第一，保证生产经营活动正常开展。生产过程中所需要的原材料，是生产中必需的物质资料。企业为了保证生产顺利进行，需要适当储备一些生产所需的原材料这样的存货，从而能有效防止停工待料事件的发生，维持生产的连续性。

第二，适应市场需求变化。由于市场的需求处于变化之中，一旦市场需求下降，会导致企业的库存积压，而市场需求上升，则会导致存货不足，企业白白丧失获利的机会。适当储备存货能增强企业在生产和销售方面的机动性以及适应市场变化的能力。

第三，便于均衡组织生产。对于企业所生产的季节性产品，其生产所需的材料往往具有季节性，供应量和价格在不同季节波动很大。因此，企业为了实现均衡生产，降低生产成本，就必须适当储备一定的原材料存货。

第四，可以降低进货成本。很多企业为扩大销售规模而提供商业折扣，即客户购货达到一定数量时，企业便在价格上给予其相应的折扣优惠。为了获得商业折扣，企业往往需要批量集中进货，由此增加了企业的存货。这反过来看，便是存货可以降低进货成本。此外，在采购总量不变的前提下，增加每次购货数量会减少购货次数，可以降低采购费用支出，同时带来存货的增加，这也体现出存货可以降低进货成本的功能。

（二）存货管理的目标

企业持有充足的存货，不仅有利于生产过程的顺利进行，节约采购费用与生产时间，而且能够适应市场变化迅速满足客户的各种订货要求，从而为企业的生产和销售提供较大的机动性，避免因为存货不足带来的机会损失。但存货的增加必然要占用更多的资金，这会使企业付出更大的持有成本或机会成本，而且存货的储存成本也会增加，影响企业获利能力的提高。因此，存货管理需要权衡存货所带来的收益和增加的成本，其目标是要在充分发挥存货功能的基础上，合理控制存货水平，提高资金流动性，降低存货成本。

（三）存货日常管理

存货日常管理是营运资金管理的一个重要方面，搞好存货日常管理，对于改善企业生产经营活动，提高流动资金利用效果具有重要的意义。

1. ABC 管理

ABC 管理法又称重点管理法。它是根据一定的标准对事物进行分类，分清重点和一般，区别对待实施管理的一种管理方法。其基本原理，可概括为“区别主次，分类管理”。存货 ABC 管理是将企业各种存货按重要性程度分为 A、B、C 三类，分别实行按品种重点管理、按类别一般控制和按总额灵活掌握。

进行存货分类的标准有两个：一是金额标准；二是数量标准。其中金额标准是主要的，数量标准只作为参考。A 类存货的特点是金额大，品种数量少；B 类存货的特点是金额和数量水平一般；C 类存货的特点是金额小，但品种数量繁多。一般而言，三类存货的金额比重大致为 A∶B∶C=7∶2∶1；品种数量比重大致为 A∶B∶C=1∶2∶7。

对 A 类存货，企业应按每一个品种进行管理，严格控制，经常检查库存，认真确定其消耗定额、经济订货量等指标。对 C 类存货，企业可以采用简化的控制方式进行管理，一般只要把握一个总金额就可以了。对 B 类存货的控制介于 A 类存货和 C 类存货之间，企业可以通过划分类别的方式进行管理。

2. 零库存管理

零库存管理也叫适时制库存控制或看板管理。零存货管理在 20 世纪 70 年代由日本丰田汽车公司提出并用于实践。在这种管理系统下，企业事先和供应商协调好，让供应商将必要的原材料和零部件，以必要的数量和完美的质量，在必要的时间，送往必要的地点，并且和客户协调好，在产品完工后不在企业停留立即送往客户手中。这样，企业的存货持有水平就可以大大下降，企业的供应、生产和销售形成连续的流畅的运动过程。显然，实施零库存管理需要稳定、标准的生产程序以及诚信的供应商，否则极易导致企业生产的停顿。目前，已经有越来越多的企业采用零库存管理减少甚至消除对存货的需求。零库存管理的思想被进一步发展应用于整个生产经营过程——集开发、生产、库存和分销于一体，大大提高了企业运营管理效率。

第六章 企业管理会计与财务会计的融合

第一节 企业管理会计与财务会计的区别与联系

一、企业管理会计与财务会计的区别

（一）职能的区别。财务会计是反映过去的会计，其职能侧重于核算和监督，属于报账型会计；管理会计是规划未来的会计，其职能侧重于对未来的预测、决策和规划，对现在的控制、考核和评价，属于经营管理型会计。

（二）服务对象的区别。财务会计主要向企业外部各利益相关者（如股东、潜在投资者、债权人、税务机关、证券监管机关等）提供信息，是对外报告会计；管理会计主要向企业内部各管理层级提供有效经营和最优化决策所需的管理信息，是对内报告会计。

（三）约束条件的区别。财务会计进行会计核算、财务监督，必须受会计准则、会计制度及其他法规的制约，其处理方法只能在允许的范围内选用，灵活性较小；管理会计不受会计准则、会计制度的制约，其处理方法可以根据企业管理的实际情况和需要确定，具有很大的灵活性。

（四）报告期间的区别。财务会计面向过去进行核算和监督，反映一定期间的财务状况、经营成果和资金变动情况，应按规定的会计期间（如月、季、年）编制报告；管理会计面向未来进行预测、决策，因此，其报告的编制不受固定会计期间（如月、季、年）的限制，而是根据管理需要编制反映不同期间经济活动的各种报告，只要需要，它可以按小时、天、月、年甚至若干年编制报告。

（五）会计主体的区别。财务会计以企业为会计主体提供反映整个企业财务状况、经营成果和资金变动的会计信息，通常不以企业内部各部门、各单位为会计主体提供相关信息；为了适应管理的需要，管理会计既要提供反映企业整体情况的信息，又要提供反映企业内部各责任单位经营活动情况的信息，因而其会计主体是多层次的。

（六）计算方法的区别。财务会计多采用一般的数学方法进行会计核算；管理会计在进行预测、决策时，要大量应用现代数学方法和计算技术。

（七）信息精确程度的区别。财务会计反映已经发生或已经完成的经济活动，因此，其提供的信息应力求精确，数字必须平衡；由于管理会计的工作重点是面向未来，未来期间影响经济活动的不确定因素比较多，加之管理会计对信息及时性的要求，这决定了管理会计所提供的信息不能绝对精确，一般只能相对精确。

（八）计量尺度的区别。为了综合反映企业的经济活动，财务会计几乎全部使用货币量度；为了适应不同管理活动的计量需要，管理会计虽然主要使用货币量度，但也大量采用非货币量度，如实物量度、劳动量度、关系量度等。

二、企业管理会计与财务会计的联系

第一，基于起源的联系。管理会计与财务会计都是在传统会计中孕育、发展和分离出来的，作为会计管理的重要组成部分，标志着会计学的发展和完善。

第二，基于目标的联系。尽管管理会计、财务会计分别向企业内部和外部提供信息，但最终目标都是使企业能够获得最大利润，实现价值的最大增值。

第三，基于信息的联系。管理会计所使用的信息尽管广泛多样，但基本信息来源于财务会计，有的是财务会计信息的直接使用，有的则是财务会计信息的调整和延伸。

第四，服务对象交叉。虽然管理会计与财务会计有内外之分，但服务对象并不严格、唯一，在许多情况下，管理会计的信息可以为外部利益集团所利用（如盈利预测），财务会计信息对企业内部决策也至关重要。

第二节　企业管理会计与财务会计融合的理论基础

一、企业管理会计与财务会计起源的融合

财务会计和管理会计这两个概念的出现和分化，实际上是社会经济发展到一定阶段的产物，是会计活动外延扩展的同时，为学科的发展而发生了技术分工的结果。从历史的角度而言，二者同样是从原始的会计簿记活动之中发展而来，起源是一致的，在本质和职能上具有天然的、内在的契合性。

二、企业管理会计与财务会计目标的融合

会计的目标是会计工作想达到的境界或实现的要求，会计目标可能有多个层次，构成一个由上至下的目标体系，而在此讨论的是会计的最终目标，其与会计的本质是息息相关

的。财务会计工作的主要内容，是向信息使用者提供财务报告的整个过程。财务报告是财务会计工作成果的一种表现形式，而并不是财务会计工作这一过程本身。

从经济学角度而言，财务信息的公开能够促使社会资金向效率更高（财务表现更为优良）的地方流动，有助于优化社会资源的整体配置。不断完善生产关系，就是通过财务会计报告反映资产的运营和获益情况，并将结果输出给各利益相关者，检查、验证组织和组织内部各部门是否按照既定的制度或契约运行，监督受托责任的履行情况，保障界定好的产权结构和各产权主体的利益不受破坏。

从根本而言，财务会计的最终目标有二：（一）保护产权关系，维护利益相关者的合法权益；（二）提高组织的经济效益，进而改善资源的社会效益。与财务会计相比，管理会计的目标相对明晰。管理会计是为管理而设。管理会计实质上是一种改善管理、发现和创造价值的管理活动，或者说一种追求价值增值的持续改进过程，其最终目标就蕴含在本质之中，也就是提高企业经济效益，实现企业价值的最大化，同时通过会计监督职能的发挥，达到维护各产权主体的各种财产权利的目的。

这样，通过内外配合、互相反馈的方式，管理会计最终与财务会计一起，共同服务于现代企业管理的总体要求，实现会计最原始和终极的目标，在维护各利益相关者合法权益的同时，促进企业和社会经济效益的提高。

三、企业管理会计与财务会计本质的融合

（一）信息系统论

信息系统论虽然强调会计作为信息系统，是以提供财务信息为主，但同时也明确了会计的目标是提高经济效益，加强经济管理，实际上亦涵盖了现代管理会计的职能。管理活动论观点创造性地提出了“会计管理”的概念，认为会计不仅是管理经济的工具，而且它本身就具有管理的职能，会计的本质是一种管理活动、一项经济管理工作。

（二）管理活动论

管理活动论把会计管理的内容确定为价值运动，认为会计是人类有意识的价值管理活动，会计学是研究人们如何运用计量技术对社会生产进行管理的科学体系。在会计职能方面，管理活动论从马克思对“簿记”的定义“过程的控制和观念的总结”出发，认为过程控制在先，观念总结在后，两者结合起来，恰好解释了会计的两项基本职能，即反映与监督，这两项职能虽然可以表现为不同的学科分支或分离的工作岗位，但这些学科和岗位之间却始终具有紧密的联系，无法彻底分割。

管理活动论实际上并不主张将会计割裂为会计、统计、审计、财务管理、经济分析等独立学科，因为在现代会计出现之前的数千年中，“会计”这一概念本身就包含了上述的多种职能和含义。这些独立学科的出现，是因为随着经济发展和社会制度的变化，会计学科的外延逐渐扩大，新的技术方法不断丰富和完善，所以，为了研究和教学的方便，要将部分学科单独分离出来。

从根本而言，这些学科只是会计的反映和监督职能在范围和内容上的分工，并不影响或改变会计科学的本质属性，其本质仍然是同一的，管理会计与财务会计自然也是如此。

（三）会计控制论

会计控制论也被称为控制系统论或受托责任论，该学派的代表人物杨时展教授将受托责任论与会计控制系统论结合，将会计定义为一个以货币量度，按公认标准来计量、控制、认定受托责任的完成情况，以便决策的控制系统。

受托责任认为，会计的目标是以适当的方式有效反映受托人的受托责任及其履行情况。将受托责任划分为三类：1. 财务会计反映的受托责任主要是财务活动的纪律和财务报告的可信性；2. 管理会计反映的受托责任主要是经济行为的效率性和效果性；3. 社会会计所反映的受托责任主要是经济行为的社会影响、自然影响，三者共同构成宏观的会计控制系统。

能动地使这个可信地反映出来的客观真实，符合人们的主观意志，即实现“控制”的目标，仅仅将会计认为是信息系统，不能代表会计已达到的水平。我国会计学家杨时展根据此提出了会计是“控制系统”的观点，并进一步将该观点与受托责任观相结合，发展了会计控制系统论。考察“控制系统论”的观点，不难发现，主观能动地控制所提供的信息，使经济活动的结果“按人们预定的目标来发生”，反映到会计实践中也就是全面预算和管理控制等“管理会计”活动。

会计通过提供信息、计量组织中每个人的贡献、向参与者分配利益、报告契约的履行情况，以及在全社会形成统一会计标准，从微观和宏观两个角度保证组织契约的实施和推行。这种观点同样涉及了会计对内（组织内部共享信息）与对外（全社会统一会计标准）的双重职能。

信息系统论、管理活动论和会计控制论能更清晰地描述现代会计的特质。会计学科的不同分支只是会计的基本职能（反映和监督）在范围和内容上的分工。管理会计与财务会计都是从原始的会计活动中派生出来的分支，其本质是同一的，职能上互相融合，互相补充，共同组成了现代组织中完整的会计管理活动，从根本上来说是无法完全割裂的。

四、企业管理会计与财务会计边界的模糊化

竞争的全球化，商业网络的发展，知识经济时代带来新的挑战，以及证券市场在金融资源配置中重要性的提高，使企业面临的经营环境发生了很大变化。这些变化对会计信息提出了新的要求，企业需要面向未来、更为前瞻性和长期的信息，以便给战略规划和经营决策提供信息支持。促进管理会计与财务会计融合的对策包括以下内容：

第一，智力资本报告。智力资本包括人力资本、组织资本和关系资本三个组成部分，是企业重要的、不可复制和代替的无形资产，是企业核心竞争力的关键要素。根据智力资本报告体系的要求，智力资本计量的起点是组织的员工情况、组织资源、对外关系等管理信息，这些信息通过一定的指标体系，转化为一系列量化信息并形成报告，这其实是一个管理会计系统向财务会计系统输送信息的过程。对外披露智力资本报告的要求，使企业管理系统与对外报告系统紧密结合在了一起，强化了管理会计与财务会计的融合。

第二，全球报告倡议组织（简称 GRI）致力推动的可持续发展报告或称企业社会责任报告。可持续发展报告突破了财务会计和管理会计互相独立的传统，旨在创设一种跨越财务、社会和环境的综合性报告体系。这种报告通过提供包括管理会计信息在内的内部信息，增加了企业对利益相关者的受托责任履行情况的透明度，进而影响企业的管理控制革新。

管理会计与财务会计融合在企业内部管理上的体现，主要是在企业运用的各类现代管理会计控制工具之中，财务会计数据和会计控制过程发挥的不可替代的作用，及财务会计流程与管理会计方法的紧密结合。

财务会计活动对企业的物质运动与价值运动进行真实、公允的记录，反映的是企业经营情况、资产结构和现金流量的实际情况。在一个完整的管理控制过程中，考核和反馈是不可缺少的环节，而考核和反馈的依据，当然是企业的实际表现。

企业管理的实质，是通过对人的管理实现对物的管理，以及对社会经济活动的管理。而对人的管理关系有三种：（一）所有者对管理者；（二）上级管理者对下级管理者；（三）管理者对执行者的管理。

在现代企业的会计管理中，三种管理关系分别通过会计记录的逆向报告来实现。其中，财务会计使用会计信息作为企业管理者业绩、行为的记录，实现资本所有者对管理者行为和能力的监督，同时，代表资本所有者权益的股东大会或董事会，依据企业的业绩表现，决定对管理者的任免，以及管理者的薪酬，从而实现对管理者行为的控制。

管理会计则对企业内部全流程、全环节的绩效进行细致的记录和考察，从而对企业内部每个人的行为进行评价，实现上级管理者对下级管理者，以及管理者对执行者的监督和

控制。现代管理会计理论和实践发展的趋势之一，就是试图建立一种“全能”的管理控制系统，即依靠一种统一的管理会计工具，实现对企业的全面管理。在这样的管理控制体系之中，管理会计与财务会计是无法割裂地发挥作用的。只有二者的融合，才能将三个层次的管理关系联合起来，使会计的预测、决策、计划、监督、控制、考核、分析等职能得以在一个体系中充分、完整地发挥。

第三节　企业管理会计与财务会计融合实践

管理会计与财务会计是从原始会计活动中发展而来的，二者的分化，是因为随着社会经济条件的发展，以及会计活动的复杂化和外延扩大化，为了方便研究和使用，而根据研究角度和使用方法的不同，进行了学科分支的划分。二者从本质上来说始终是同一的，最终目标也是一致的。而从现实角度来看，管理会计与财务会计在企业实践中也从来就不是相互孤立的，二者同为企业会计管理活动的重要组成部分，在企业经营的各个环节都有着密切而不可分割的联系。在现代企业管理中，管理会计与财务会计的融合贯穿会计管理过程的始终。

一、企业管理会计与财务会计的信息输入融合

管理会计与财务会计都是以企业发生的经济交易和事项为依据，进行会计信息的归集、计量、记录和运用，二者的核算对象都是企业现在和未来的资金运动，在核算内容上有很多交叉和重叠，其原始信息的来源是一致的。

管理会计与财务会计的融合能够显著提高管理控制的有效性，并且这种影响是源自管理会计与财务会计提供的会计信息的协调一致，这种协调一致有助于管理者对会计信息的理解。实践证明，使用财务会计数据作为管理会计的信息来源，并不必然导致管理会计对管理决策的相关性丧失，反而可能因为会计语言的一致性，有益于管理效率的提升。企业在设计其会计体系时，应充分考虑到有利于管理效率提升和成本效益的原则，选择适合本企业实际情况的设计。

二、企业管理会计与财务会计的控制过程融合

管理会计与财务会计作为一种管理活动或管理过程，在企业经营管理中互相辅助，共同发挥着管理控制的职能。二者在管理控制过程中的融合主要是通过企业运用的各类管理会计工具的沟通作用进行的。目前，无论是战略管理会计、全面预算管理、经济增加值会

计等贯穿企业全流程的综合性管理控制方法，还是成本管理、投资决策等针对企业某一具体方面的管理会计活动，其总体流程从本质上来说都遵循相似的逻辑，主要包括战略分解、目标制定、贯彻执行、分析考核等环节。

在各个环节的运用中，其实都离不开财务会计工作。以在我国企业中运用较为广泛的预算管理为例。预算的编制贯穿企业的采购、生产、管理会计与财务会计在企业实践中的融合销售、收款、投资等全流程，但都以财务预算为终点，编制结果最终表现为预计的财务报表，该表的形式与真实的财务报表应当是一致的，这样才便于后面预算考评的进行。

编制预算的目的是对企业未来的经营活动有明确、具体的规划，以便依据预算，对企业内部各部门、各单位进行资源分配，并在企业实际经营过程中，以预算数据为标准，对企业各部门、各单位的经营绩效进行全程考察和监督。而在这种监督考察的过程中，用来与预算数据进行比对的，是企业经营的实际成果，反映在数字上就是财务会计数据，比如收入、成本、利润、各项费用等。当实际的财务数据与预算发生了偏离时，企业就能通过偏差的具体情况，察觉出现问题的环节，以便及时做出修正。

通过预算，为企业各部门、各单位、各生产线等设定了经营目标，形成对其经营活动的控制，而通过各部门的实际财务表现与预算数字的对比，又形成了及时的反馈，在不断修正过程中，持续改善企业经营，适应竞争环境，推动企业目标的实现。

业绩评价是管理会计与财务会计直接发生联系的重要环节。业绩评价本身是一种管理会计工具，同时也是企业管理中必要的环节。无论企业采用何种管理方法，其实都离不开对企业员工和部门的业绩进行的评价。业绩评价体系根据企业采用的管理会计工具和实际需要设计，一般包括对财务业绩的定量评价，以及对管理业绩的定性评价，其中，对财务业绩的评价是不可或缺的组成部分。

财务业绩的评价依据是企业各部门实际的财务表现，如利润率、经济增加值、投资回报率等，就是相关部门和员工重要的业绩评价标准之一。而在依据财务数据及其他方面的表现，按照业绩评价体系的逻辑，对企业中的部门和个人的工作业绩进行评价之后，通过实施奖惩措施，形成激励机制，让员工自觉修正其行为和思维，鼓励其提高工作绩效，从而反过来又起到贯彻企业目标，改善企业经营，同时也就提高财务绩效的效果。这样，通过管理会计方法与财务会计数据之间建立的双向反馈机制，实现对企业的管理控制。

总之，管理会计方法在企业中的运用，本身就是管理会计与财务会计在企业经营中的过程性融合的一种实现方式。管理会计主要起控制作用，财务会计主要起反映作用，结合起来形成有机循环，共同保障企业战略的落实。

三、企业管理会计与财务会计的成果表达融合

我国会计理论界对管理会计与财务会计的认识一直是管理会计对内，财务会计对外，管理会计活动生成的应是供内部人员使用的管理会计报告，财务会计活动生成的则是对外发布的财务会计报告。

企业对外提供和内部使用的会计报告在内容上是有很多交叉的。近年来，企业对外报告的显著变化之一，就是对非财务信息的披露要求不断增加，并成为改进财务报告的一个显著发展趋势。实际上，如今的“财务报告”，其内容和形式与现代财务报告这一事物刚刚诞生的时候早已不可同日而语。两张报表扩大到了四张报表，利润表向综合收益表转化，单纯的财务报表扩大为包含了其他非财务信息的综合性报告，远远超越了单纯的“财务”。

对表外信息的要求，实际上与知识经济时代的特征有一定的关联。在这个知识经济时代，决定企业竞争力和价值的关键并不是有形资产的数量和质量，而是人力资源、智力资本、知识产权、组织资源等无形资产，而有关这些资产的价值信息在当前的财务会计准则体系之下，显然无法在财务报表之中进行确认，也很难对其价值进行计量。

财务报告使用者又希望尽可能地了解企业真实的竞争实力，在这种情况下，对企业各方面特征进行描述的非价值性信息的有用性便不断增强。而其中，管理会计系统提供的信息是一个重要的方面，因为它可以使描述性的说明和量化的结果紧密结合增强会计信息的有用性。

总之，当代企业对外报告要求的变化和社会经济情况的发展，使会计信息提供者和使用者、财务会计信息和管理会计信息、外部财务报告与内部管理报告之间的界限变得模糊，管理会计信息和财务会计信息交叉构成了企业的对外和内部报告的主要内容。

第四节　企业管理会计与财务会计的融合与全面预算管理

一、全面预算管理及其作用

在企业的预算管理实践中，有一类预算管理试图更为深入、全面地覆盖企业的运营管理流程，力图将流程中每项关键环节的资源需求、资源耗费以及资源的供应都尽量科学合理地预计、估算到位，并随着预算的执行开展必要的监督，从而令预算管理体系能够充分地融入企业的经营管理实践，通过有效贯彻预算，促进企业实现其经营目标乃至战略目标。这就是预算管理的一类最优实践——全面预算管理。全面预算管理是基于预算管理的

基本内容，将预算编制以及预算的执行、考核全覆盖于企业的主要流程与管理职能中。

（一）全面预算管理的全面性

1. 全面预算管理的全面体现在预算管理对象的全方位上，即预算编制全方位地覆盖企业的各项运营和管理活动，将企业的人、财、物等各类资源，以及供、产、销等各个环节均纳入预算管理范畴，而且通过预算的编制、分解、下达以及执行、分析、调整、考核及奖惩，对企业各项经营活动进行事前、事中和事后的全过程管理。

2. 全面预算管理的全面体现在预算管理对其他管理手段的全面运用上，作为一种管理控制方法，全面预算管理是将企业计划、协调、控制、激励、评价等综合管理功能融合到一起，整合和优化配置企业资源，提升企业运行效率，帮助企业实现发展目标。

3. 全面预算管理的全面体现在预算管理主体的全员参与上，全面预算管理要求企业所有部门、单位以及岗位和人员等都参与到预算的编制与实施过程中，共同进行管理，通过全员参与的方式促使企业的预算管理最大可能地吸收企业流程中的各项信息，保证预算编制的准确性，以及预算考核的合理性。因此，全面预算是促进企业实现其发展战略和年度经营目标的有效管理方法，也是实现业务与财务融合的一个管理抓手。

（二）全面预算管理的主要作用

全面预算管理是利用预算，对企业内部各部门、各单位的各种财务及非财务资源进行分配、考核、控制，以便有效地组织和协调企业的生产经营活动，完成既定的经营目标的一种管理活动。全面预算管理的特点是企业全过程、全方位及全员参与，全面渗透了企业各种水平、各个过程的经济活动，包括销售预算、生产预算、成本预算、采购预算、现金收支预算等多个模块，将收入、费用、资产与财务需要合为一体，形成有机系统，使各个部门、各个项目的决策结合成为整个企业的制度。

全面预算管理是综合贯彻企业经营战略的一种重要的管理工具，对现代企业的成熟与发展起着重要的推动作用，目前在世界范围内应用也非常广泛。通过全流程、全部门参与预算的方式，能把组织的各种关键问题融合于一个体系之中，集有效的规划、控制、评价于一体，是实现企业目标的有效手段。

二、全面预算管理中管理会计与财务会计的融合

（一）全面预算编制的融合

对于全面预算编制的起点，是通过制定产量、成本及现金收支等预算的过程，最终的

落脚点都是在财务预算，即对企业资产、负债和现金流量的预期之上。因此，整个预算编制过程总是以预计的利润表、现金流量表和资产负债表为终点，表示企业对未来期间的财务状况和经营成果的总体预测。

在编制预测性报表中，归集数据的逻辑与编制实际的财务报表的流程和逻辑一致，各业务部门的业务预算，同样要经过财务人员的归集计量，才能形成财务预算。这三张预测性报表的形式、项目和口径与实际的财务报表应当是一致的，这样编制的预测报表与反映企业实际财务状况、经营成果和现金流量的财务报表才具有可比性，也才能正确发挥预算的功能。而要实现这一点，前提是预测性报表编制过程中所适用的对经济事项进行确认、计量和记录的标准，都应严格按照财务会计准则的要求进行。

（二）全面预算控制环节的融合

要使全面预算能够真正发挥管理控制的功能，除了编制预测合理、符合事实的预算，重要的是建立一个完整的预算控制制度，将预算的编制、执行、分析、调控、考评等多个环节联合起来，形成“计划—控制—反馈—考核”的持续改进的循环。预算必须与战略、与奖惩制度、与预算动因建立起密切的逻辑联系，而不应仅仅是为预算而预算，变成财务部门或预算机构的“自娱自乐”。这种反馈和考核过程，即是一种实际信息和计划信息的互相对照、互相修正、互为标杆的双向反馈。

全面预算管理系统应该持续关注企业内全方位的经营成果，通过特定的信息收集系统，持续归集能够与全面预算中涉及的各个指标钩稽的量化数据，并与预算进行比对。预算管理中不可或缺的一个环节是预算考评，即考核各预算目标的实现情况，并进行相应的奖惩，通过奖惩，建立激励机制，鼓励员工和管理者为完成预算目标努力，通过对“人”的行为的控制实现对资产、收入、现金流等“物”的控制。

而上述用于比对、考评的信息收集系统，收集的其实就是会计信息，而且主要是财务会计信息，如特定期间的销量、销售金额、生产或采购成本、期间费用、利润等数据，都是预算中重要的量化指标。这些量化指标与业务、财务预算的比照，形成了预算反馈和考评的回路，通过对偏差的反映、反思和纠正，促使企业不断向其目标靠拢。

第五节 企业管理会计与财务会计在企业管理中融合的实现

一、企业管理会计与财务会计融合准则与模式

（一）管理会计与财务会计融合准则。企业内部管理中管理会计与财务会计的融合建立在以全面预算管理为核心的管理控制体系之上。全面预算管理的制定以预计财务报表为终点，因此，制定预算时，对预计的经济事项的确认、计量、记录和报告，与真实的财务会计流程一样，是按照财务报告准则的要求进行。因此，管理会计与财务会计能够良好融合的必要前提之一，是企业遵循的会计准则与其进行管理控制所需的会计处理方法相容性较好。

（二）管理会计与财务会计融合模式。管理会计与财务会计在企业管理中融合模式，设计时需要考虑的内容包括：1. 综合会计控制体系的设计，应符合特定企业个性化的战略需求；2. 会计管理制度设计存在着显著的路径依赖，应是一个逐步演进的过程，要考虑到企业原本的管理会计制度，加以渐变式的改进；3. 先易后难，考虑成本效益，平稳过渡。

全面预算管理是管理会计与财务会计在企业实践中发生联系的主要结合点，因此是管理会计与财务会计有机融合中不可或缺的环节。全面预算管理的一些内在缺陷，需要通过在绩效考评中加入作为利润驱动因素的非财务指标，从而与企业的战略目标建立更密切的逻辑关系来加以改进。全面预算控制的思想方法简单，过程和技术简明易懂，而且在我国很多企业中都有相关的实践，实行的基础较好。虽然预算模式在管理思想上略逊于平衡计分卡模式，但考虑到现实因素和成本效益原则，以全面预算管理为中心，并通过加入对非财务指标的考量对其进行改良，这样的管理控制模式就能够较好地实现企业管理会计与财务会计的有机融合。

二、企业管理会计与财务会计融合实现优势

（一）有助于建立企业战略与财务绩效的关系

无论怎么强调不可量化的无形资产、组织资源和可持续发展能力在现代企业中的重要地位，企业作为一种营利机构，始终要以获取利润、为股东创造价值增值为落脚点。所以，依据会计准则衡量的财务表现依然是企业最重要的成绩单。企业的长期战略，从本质

上说其实也是以企业长期的健康发展和持续的价值增值为目的。因此，在企业长期战略的制定和执行过程中，总是要考虑到战略选择及其执行情况对企业财务状况的影响，同时也受到企业财务状况的制约。

企业战略与其财务表现之间，通过管理会计工具，对企业战略进行分解，明确战略与财务绩效之间的影响逻辑，将战略转化为具体的目标和计划，再与企业的实际财务表现形成反馈，才有助于战略的实现和企业价值的增值。

（二）有助于会计管理职能的发挥

会计作为一项管理活动或者一种管理过程，通过对经济事项的反映和对经济关系的监督，在企业的管理中发挥着重要的作用。

财务会计通过对经济事项的确认、计量、记录，实现的是企业对资金、资产、原材料、产品等“物”的管理和对经济活动的管理。而管理会计通过预算管理、绩效评价、责任会计等方法，达到分解任务、明确责任、奖先惩后的目的，以对经济活动的管理为手段，落脚于对“人”的管理。管理会计与财务会计的有机融合，可以使管理功能融合起来，有利于会计更好地发挥其管理职能，为提高企业效益做出贡献。

第七章 企业管理会计与财务管理融合的多元化实践探索

第一节 企业管理会计在国有企业财务管理中的应用

在经济全球化和信息化不断发展的今天，传统的财务管理模式已经不再适应企业发展的需要，财务管理人员不仅要处理日常的财务工作，更要参与到企业的日常管理中来，管理会计的作用显得越发重要。就当前管理会计在国有企业财务管理中的应用来看，管理会计的预测性、决策性职能得到了一定的体现，为提高企业的经济效益发挥了重要作用。但管理会计的应用仍存在诸多问题，必须加快实现管理会计的进一步应用，为国有企业的管理与决策提供科学支持。

一、管理会计在国有企业财务管理的应用中存在的问题

第一，财务管理人员的能力水平达不到管理会计的要求。长期以来，会计的财务管理职能根深蒂固，很多国有企业财务人员对管理会计缺乏基本的认知，无论是在学校的学习，还是在企业的再培训，都是偏重财务会计，对于管理会计知识的培养涉及较少，这就导致国有企业的财务管理人员缺乏会计管理的方法，财务管理观念陈旧，对会计工作的理解局限在财务会计领域，财务管理工作仅仅是发挥传统财务管理职能的作用，对管理会计缺乏概念和了解，只能进行会计核算等基本操作，即使进行会计成本核算、编制预算等工作，也没有管理会计的理念，应用管理会计也就无从谈起。

第二，很多国有企业并没有对管理会计加以重视。改革开放以来，我国经济发展取得了举世瞩目的成绩，特别是近年来，随着经济全球化发展的不断加快，我国的国有企业迎来了发展的黄金期。国有企业由于政策的支持和对市场发展机会的把握，企业规模和效益都取得了较快增长，这就导致国有企业将工作重心放在了业务拓展方面，而对内部财务管理缺乏关注，甚至出现了企业并不需要管理会计的假象，认为财务管理只需要做好会计核算，经济效益的提升与会计管理无关。管理者缺乏长远战略意识，只关注短期效益，而管

理会计应用由于不能带来立竿见影的效果，并不能得到很好的应用。

第三，国有企业财务管理制度和体系不完善。管理会计的工作程序需要进行确认、计量、归集、分析、编报、解释和传递，这一系列的工作流程需要严谨的财务管理制度和合理的体系支撑。但是目前我国国有企业的财务管理制度仍有待完善，普遍存在财务处理事前缺乏评估、事中缺乏监督、事后缺乏复核的现象。监督机制不健全，财务人员职责权力被架空，一些关键的内部控制没有真正落到实处，内部控制体系并不健全，弱化了管理会计的职能。

第四，管理会计的信息化水平不高。随着互联网技术的发展和普遍应用，我国进入信息化时代，对国有企业的财务管理也提出了信息化的要求。但是目前看来，很多国有企业管理会计的信息化利用水平不高，信息化结构体系还没有真正建立，仍以传统的财务管理形式为主，没有意识到信息化给企业财务管理带来的工作方式的转变，无法保证管理会计信息化的质量。同时，网络信息化给管理会计带来工作便利的同时，也带来了网络风险，产生了网络安全问题，如果管理工作不到位，造成会计信息的泄露和丢失，将会给企业带来不可估量的损失。

第五，没有认识到管理会计的社会责任属性。与传统的财务管理不同，管理会计不仅要围绕利润最大化这一中心目标，社会责任、社会成本问题也是管理会计必须重点考虑的问题。但是从目前来看，我国的管理会计仍处于初期发展阶段，仍没有摆脱传统财务管理的思想，管理会计在决策时只是单纯考虑企业的经济利益，没有考虑到企业的社会成本。对企业来说，特别是国有企业，企业的社会责任履行情况同样重要。社会责任属性的缺失是管理会计需要重点解决的问题之一。

二、管理会计在国有企业财务管理中应用的加强措施

第一，财务管理人员要努力提升自身专业素质水平，满足管理会计的要求。财务管理人员的素质能力直接影响着管理会计的应用。对国有企业来说，财务管理部门和会计部门的职责并不能完全分开，很多财务管理人员也是会计核算人员，这也要求财务人员工作不能仅仅是记录和核算，要努力成为真正意义上的管理会计师。要建立管理会计的概念，加深对管理会计的理解，对预算管理、成本管理进行充分挖掘，将财务管理工作的重心转移到决策性工作上来，积极参与企业的管理决策，进行投资项目的考核评价、风险管理，为企业的战略制定提供支持，满足管理会计的要求。

第二，国有企业要重视管理会计应用，强化管理会计意识。国有企业管理者要对管理会计的应用有更清晰的认知，正确认识管理会计应用效果往往是长期的和可持续的，不能仅仅局限于短期效益，要更加关注企业的内部管理，实现管理会计应用和业务发展的紧密

结合，通过推动组织制度的变革，加快推动管理会计的应用。要强化管理会计意识，培养管理会计人才，重视财务管理人员的后续教育，培养一支既懂业务又懂财务管理的管理会计人才队伍，建立完善的管理会计知识体系，提升内部管理的精细化程度，为管理会计人才提供可以大展身手的平台，实现财务会计的转型。

第三，建立健全国有企业财务管理制度和体系。要加强国有企业的内部控制管理，完善企业内部的财务管理制度，加强事前评估、事中监督和事后复核的工作。加快对监督机制的改革，确保国有企业财务信息的真实性，构建全新的财务管理体制。要加快财务会计和管理会计的整合，搭建完善的管理会计工作平台，实现企业内外信息和企业决策管理的有机整合，切实满足管理会计的需要，实现管理会计系统的有效运转。

第四，提高管理会计的信息化管理水平。信息化的发展给国有企业的财物管理提出了更高的要求，管理会计的信息化建设是企业信息化发展的必然要求。要提高管理会计信息化建设的创新性，对管理会计的内容和形式根据企业实际情况进行不断更新，明确管理会计信息化的建设方向，努力实现国有企业之间财务数据的共享，建立财务数据共享服务中心，提高管理会计信息化的实用性。企业管理会计工作人员也要培养信息化意识，提高信息化处理能力，并要增强网络安全意识，充分发挥信息技术的应用优势。

第五，管理会计要融入社会责任的目标，实现企业的可持续发展。在国有企业的财务成本管理过程中，管理会计的各项决策不仅要帮助企业实现经济利益目标，也要追求社会利益，决策时要合理配置企业资源，将环境保护、安全生产、污染治理等社会成本考虑在内，及时向社会公众报告国有企业履行社会责任的情况，保证企业的经营发展符合社会规范，促进企业和社会的共同发展，最终实现企业的长久盈利。

总而言之，在经济全球化日益发展的今天，管理会计通过财务管理与业务管理的结合，能够帮助国有企业更好地实现战略发展的目标。目前我国很多国有企业都已经开始重视管理会计的应用，为企业的决策管理提供了强有力的支持，但是其应用并不完善，需要进一步总结和升华。未来国有企业还需要加强对管理会计的重视，提升财务管理人员的专业水平，建立完善的管理会计体系，提升信息化管理水平，进行社会责任的目标创新，促进我国国有企业管理会计应用水平的提升，最终实现国有企业经济效益的提升和社会经济的稳定发展。

第二节　企业管理会计在建筑施工企业财务管理中的应用

在经济全球化的强大推动下，对建筑施工企业财务管理工作提出了全新的要求，而加强管理会计也变得越来越重要，这已经成为建筑施工企业共同关注的话题之一。在建筑施工企业财务管理工作中，加强管理会计的应用，可以不断提高建筑施工企业财务管理工作水平，将财务风险保持在可控范围内，促进建筑施工企业经营管理活动的顺利进行，进一步完善建筑施工企业的经营模式，充分彰显出管理会计的实施作用，发挥出管理会计对建筑施工企业财务管理的促进作用，进而为建筑施工企业提供更为广阔的发展空间。

一、管理会计在建筑施工企业财务管理中的应用价值

第一，有利于将建筑施工企业的核心竞争实力提升上来。现阶段，中小型建筑施工企业发展速度极其迅猛，市场竞争局势越来越严峻，建筑施工企业要想在激烈的市场竞争中立足，必须提高对内部财务管理工作的高度重视，并加强管理会计的应用，进一步完善现代财务管理体系，将科研成果展现出来，不断提高企业的经济效益和社会效益，并有效整理和收集财务信息，为建筑施工企业指明全新的发展道路，避免经营风险的出现，确保建筑施工企业发展目标的实现。

第二，有利于确保建筑施工企业管理水平的稳步提升。在建筑施工企业财务管理工作中，加强管理会计的应用，其自由性特点比较显著，由于管理会计可以免受会计法律规范的制约，所提供的管理方法比较多，而且还可以不断提高信息加工和处理效率，将数据信息整理到位，实现在企业经营管理活动中的顺利应用，进而不断提高企业内部管理水平，确保建筑施工企业财务管理工作效率的稳步提升。

第三，有利于将企业内部财务关系进行明确化。通过应用管理会计，可以有效落实企业整体财务预算，制订出切实可行的实施方案和工作计划。同时，借助管理会计，还可以推进企业内部财务编制的整体预算，并制定合理可行的整体发展思路，为建筑施工企业的决策提供可行的依据。

二、管理会计在建筑施工企业财务管理中的应用策略

（一）不断加强理论实践的整合

对理论来说，与实践之间的关系是紧密联系、密不可分的，理论可以指导实践，而实践可以反馈理论。管理会计的理论内容，必须发挥出对财务管理实践的服务性作用，所以，建筑施工企业必须注重管理会计理论成果的研究，创造良好的发展平台，并在实践过程中，涵盖最新的管理会计理论成果，而实践经验总结，也可以为理论研究提供一定的依据，不断提高理论研究的高度和深度，实现理论和实践的高效整合和应用，从而确保建筑施工企业财务管理水平的稳步提升。

（二）重视管理会计体系和信息化体系建设

在管理会计体系中，要重点涵盖规划、控制、决策以及评价等内容，建筑施工企业要突破单一财务数据的应用模式，加强管理会计体系建设。具体来说：首先，要从企业实际情况出发，加强管理会计体系的顶层设计，促进企业业务管理活动的顺利进行，确保企业战略发展目标的顺利实现；其次，要将管理会计体系的突破口体现出来，对建筑施工企业来说，要加强管理会计工具和方法的应用，以此来确定最为适宜的管理方法，避免在实施过程中出现障碍性因素；最后，要加强财务共享中心的构建，结合财务组织架构，要加强深度变革，财务管理人员要调离到管理会计岗位，确保财务共享服务中心的顺利构建，不断深化管理会计的应用，在管理会计体系建设过程中，要将体系和共享相结合，结合管理会计，加强共享服务中心的构建，充分发挥出信息化的优势，确保信息化系统的构建与自身发展需要。

（三）强化管理会计专业人才的培养建设

要想确保管理会计良好的实施效果，必须提高对管理会计人才专业素养的高度重视，但是在实际中，管理会计专业人才严重缺失，而且对管理会计人才也尚未形成正确的思想认知，对管理会计人才来说，必须具备良好的专业技能和管理能力。所以，建筑施工企业必须加强专业管理会计人才团队的构建，制定完善的内部考核和培训机制，为管理会计人才开展一系列的培训活动，比如专家讲座、课程再培训、进修深造等，在内部考核过程中，要与人员薪资相挂钩，做到奖惩分明，对于在工作中表现良好的人员，企业要给予一定的物质奖励和精神奖励，反之，要予以惩处，将企业内部管理会计团队的综合素养提升上来，进一步完善企业内部人才结构，并充分调动工作人员的积极性、主动性以及创造性。

总而言之，在建筑施工企业财务管理中，加强管理会计的应用势在必行，可以不断提高企业财务管理工作水平，充分发挥管理会计的应用价值，将管理会计和财务管理充分联系在一起，形成合力，共同致力于建筑施工企业的健康发展和进步。在管理会计具体应用过程中，要制定切实可行的应用策略，比如加强理论实践的整合、注重管理会计体系和信息化体系建设、加强管理会计专业人才的培养建设等，从而取得良好的实施效果。

第三节　企业管理会计在工业制造业企业财务管理中的应用

现阶段，随着我国经济发展逐步迈入新常态，国内经济已经从快速发展的阶段转变为高质量发展的阶段。在此背景之下，国内制造业也取得较大进步，目前正在从依靠投资扩能的粗放型增长，转变为依靠科技进步、优化管理使得企业更健康长远地发展。自 2008 年开始，由于受到国际金融危机的影响，国内制造业企业发展也呈现一个下降趋势，发展过程中受到了诸多阻碍，因此，制造业转型升级就显得迫在眉睫。而管理会计可以帮助优化改善制造企业的内部管理工作，帮助企业更好地转型改革，提高价值创造力。那么如何充分发挥管理会计在制造型企业运营过程中的职能作用，促进企业更好更顺利地转型，是会计改革以及制造型企业都需要关注的重中之重。

一、工业制造业企业中管理会计应用的环境

随着市场经济不断发展，制造业质量也获得了一定提升，现如今工业制造业均采用相互合作的生产方式和精细化管理。制造业逐步重视管理会计的应用，管理会计可以给企业带来更完备的会计信息，使得管理人员进行更加科学有效的分析，让企业在生产经营及投资的时候做出正确决策。管理会计与财务会计有所不同，前者在开展经济活动时，侧重点是放在公司的经济效益上，无论企业是什么行业，以及有怎样不同的规模，管理会计对于这类企业都具有较强的适用性。

就当前而言，国内管理会计的外部环境总体有所改善，但仍然不理想。首先，管理会计和财务会计是有所区别的，不能混淆这两者的概念，错把管理会计视作财务会计的一个工作内容，但同时，管理会计也不可以完全脱离财务会计。因此，管理会计除了要得到管理人员的认可以外，对应的工作团队，还应有非常高的技能水平，在这方面，企业管理会计的高专业素质人才还是比较缺乏。其次，企业在制订投资方案、设计运营方向、管理控制风险、预算评估等项目的时候，不能少了管理会计的参与。同时国家也颁布了相关管理会计的政策，可是因为现在经济市场行业太多，而且每一个企业的真实状况也不一样，管理会计在公司里的可操作性比较差。最后，企业内部的管理，大部分还是采取以前那种粗放管理的方法。企业也缺少相关的技能培训，专业的人才不多，而且行业之间发展不均衡，使得制造企业不太能够留住人才，时常流失人才。

二、管理会计在工业制造业企业财务管理中的应用环节

管理会计工作内容的实质是价值管理活动。不过大多数的制造企业对于该管理的理解，只是局限于内部价值创造，没有重视价值链上其余方面的内容。现如今市场竞争越来越激烈，互联网的普及也越来越广，集团型运营的方式更加多样化，不再像以前企业的运营方式是一个企业独自奋斗。价值链分析能够促进集团性企业更好地达成战略目标，是一个科学优秀的价值管理工具。管理会计会研究分析产品设计、采购等环节的成本以及效益，还会依照每一个环节的增值程度以及详细状况，来制定相应的措施。

（一）产品设计环节

产品设计的第一点，就是要确保产品的技术和质量的水平，尽最大可能地满足服务以及市场与客户的经营理念。设计是产品影响成本中尤其大的一个因素，因为设计能够决定产品成本的 70%。因此，在设计的时候，完全不考虑成本是不科学的做法，在设计的时候，设计师一定要谨记成本与效益理念。除了要保持产品的质量，以及满足客户的需求，还要对设计的成本有全方面的计算，分析相应的经济效益，判断可不可以给客户及企业带来长远的效益。

（二）材料采购环节

除了要确保产品的质量，采购的时候，选择高性价比的器件也是很重要的一点。同时，还可以采用集中采购的方案，和相应的供应商进行战略性的合作。批量采购以及竞价采购这些采购方法，都有助于减少部分采购的支出，从而进一步减少材料成本。企业的库存也要进行相应的管理，对于采购的次数以及批量，都要有所规定，让企业库存成本与供货成本最小化。另外，可以调查追踪客户的订单情况，更好地了解客户的真实需求，方便提前组织生产，使得交付周期尽可能减少，成本占用和仓储成本最小化。

（三）加工装配制造环节

加工装配制造环节成本，与公司劳动生产效率以及管理的能力有着密切的关系。数字化生产车间，信息化的管理，都能够促进提高公司加工装配制造时的工作效率，达成价值最大化，并且要提高注意力于分析资源配置对应的成本消耗，以及其获得收益的合理性上面。企业在运营的过程中，所有的生产活动，都不可以脱离会计管理的价值分析。

（四）营销与售后环节

企业要想更好更长远地发展，除了要有成本效益环节的价值分析，营销和售后也离不开相应的价值分析。客户销售渠道等这些地方，都可以进行价值分析，从而制订更科学有效的营销方案。重点客户以及新产品实验客户等，都可以对他们进行动态追踪，建立档案。而且，售后服务是公司在市场竞争中非常重要的一环，对此进行价值分析，以方便确立节约型售后服务等科学有效的方案。

三、管理会计在制造业企业中的应用加强对策

（一）积极改善管理会计的环境

对于市场政策等这些因素的变化，公司没办法改变，不过对于公司内部的环境，公司是能够做到改变的。企业有责任给管理会计提供良好的内部环境。企业在运营的时候，要将管理会计应用到公司全部的经济活动上，全方面地进行价值分析。

而且企业也要提高管理人员对于管理会计的重视，要让管理会计的工作人员能够在公司里有一定的地位以及话语权。因为管理会计在运用的时候，不能够脱离管理人员的支持。如果管理人员存在重视财务会计忽视管理会计，一定要改变这样的观念，应该把这两者放在一样重要的位置，企业应聘请专家，组织专业性的学术讲座，从而更好地提升管理人员对管理会计的认识，优化公司内部的管理体系，并且确立管理会计部门，积极主动引进高素质水平的管理会计技术专业人才。

公司在内部管理时重视管理会计，管理人员重视管理会计，在提高管理人员管理素质的同时，引进管理会计技术专业的人才，这样才能够使得企业内部的管理环境变好，更加有利于管理会计作用的发挥。

（二）加快信息系统建设

市场经济在不断地发展，信息化技术水平也一直在提高，企业可以运用信息技术，建立相关的数据平台，以此来管理企业内部的经济活动，提高工作率，还能够使得企业内部各个部门交流起来更加通畅，促进信息有效快速地传达。

（三）努力提高会计管理工作人员素质水平

财务工作人员尽管只是进行平常的财务核算的工作，但企业也应积极对财务人员开展相应的技术指导与专业培训。相关分析研究的数据，不仅能够帮助管理人员进行各种决

策，同时也影响着经济活动的成本，以及公司获得的效益。因此，提高财务工作人员的专业素养，是企业要重视的一件事情，最好将其纳入年度职工教育计划。

（四）强化管理会计工具的应用

管理会计的工具和财务会计的工具有所区别，管理会计工具的主要目的是提高企业的工作效率，减少成本，而且是以价值理念为思考角度的一个管理的手段。例如，企业想要减少成本提高效益，采取的目标成本法管理，企业为了提高经济效益而制定的相关绩效考核体系等管理手段都加入了价值分析。强化管理会计工具的应用，有助于企业更好地控制减少成本，实现收益最大化，提高工作效率，更好地监督管理控制成本，发挥管理会计的职能。

（五）对管理会计理论体系严谨细致研究，且用于实践

企业的管理人员应该对管理会计的体制进行相关的严谨细致研究，主动进行实践并总结优化。必须关注管理会计基础理论的知识，加入创新理念，并且富于实践，在实践中摸索，改善优化管理会计体系。对于成功的方案，再将其推广运用到企业的管理中去，渐渐代替以前的管理方法的相关规则，能有效避免制订的方案在真正实践的时候，发生实践脱轨的情况，以此促进公司建立更加优化健全的管理会计体制。

现如今，随着经济的发展，企业的发展也非常迅速，目前正在从依靠投资扩能的粗放型增长，转变为依靠科技进步、优化管理使得企业更健康长远地发展。在这样的大环境下，企业要更加注重管理。公司在制订投资方案、设计运营方向、管理控制风险、预算评估等方面，都需要优秀的管理会计加入其中，管理会计是企业管理中非常重要的一环。企业可以根据以上提到的几点建议，运用到管理会计中，优化管理会计运用，促使企业更好地发展，达成公司价值最大化。

第四节　企业管理会计在医院财务管理中的应用

管理会计是一门交叉学科，是在广泛吸收现代行为科学、管理科学、现代数学以及系统理论的基础上形成的一门学科，管理会计完全冲破了传统会计那种烦琐的束缚，主要是通过预测、决策、计划、预报等各环节来提供有关未来信息的会计。对医院财务管理来说，现代管理会计起着非常重要的作用，在市场经济条件下，加强管理会计在医院财务管理中的运用，是提高医院财务管理水平的一种必要手段。所以，加强管理会计在医院财务

管理中的应用，对提高我国医院的财务管理水平有着至关重要的作用。

一、管理会计在医院财务管理中的作用体现

（一）提高医院的财务预算能力。目前，在医院财务管理中，由于医院管理者对管理认识的不足，认为医院的财务预算管理只是属于财务部门的事情，所以导致在财务预算中经费预算与预算执行过程的脱节。而管理会计则非常注重从整体和部分的角度来对财务管理进行预算，管理会计先将医院作为一个整体来考虑，同时将财务预算管理作为整体中的一小部分来进行集中、概括的综合评价，保证了医院与财务预算管理的协调统一。管理会计应用于医院的财务管理，能够对医院的整体财务状况以及经营效果进行综合考虑，提高了医院的财务预算水平。

（二）提高医院的控制和调节能力。在医院的经营决策以及日常的医疗活动中，管理会计利用价值工程和成本控制及效益中心的原理，并根据医院经营目标的要求以及在工作过程中所反映的各种问题与差异，来控制和调整相关的环节，从而及时纠正偏差，保证医院预算和各项经营项目的实现。而对于医院科室的成本调控，管理会计的作用也是非常重要的。管理会计根据医院各科室的业务量与额定的收益，来确定各科室的目标成本以及边际利润，为各科室制订相应的预算计划，并会不定期地检查其预算执行的情况，及时发现预算的差距并分析问题所在，使各科室根据实际情况及时修改更正，大大提高了预算的水平。

（三）提高医院的考核和评价能力。在市场经济体制条件下，企业对内部员工的考核与评价也日益重要。在医院的财务管理中，科学有效的绩效考核和评价体系，不仅有利于激发医院财务管理人员的积极性，提高医院财务管理的工作效率，也有利于促进管理会计各个环节的应用能够得到真正的落实，提高医院的整体管理水平，而且在医院财务管理中引入管理会计，利用管理会计中成本-效益分析法，对医院的财务管理工作进行定期的考核、评价，可以使得考核、评价更加具备实效性，能有效促进医院的发展。

二、医院财务管理工作中的管理会计职能构建路径

医院强化管理会计的实施运用，对医院的未来发展有着重要的意义，所以，医院管理者必须采取措施，加大管理会计的运用力度。

第一，加强医院管理层对管理会计的认识。目前，大部分的医院管理者对管理会计的认识存在偏差，导致医院管理者对管理会计的重视度与执行力度有所欠缺。要想在医院内实现管理会计的真正落实，首先就必须提高医院管理者对于管理会计的重视，从医院未来的管理水平与发展的高度上重新对管理会计进行深度认识，从思想上加强对管理会计的重

视程度。有了医院管理层的重视，才能在实际中更好地贯彻落实管理会计的应用。

第二，提高医院财务会计人员的职业素质。有了领导的重视，实际贯彻落实管理会计的相关职能和作用时，医院还必须提高内部员工的整体思想素质与专业技能修养，要培养出一批具有高素质、高职能的财务会计人员来将管理会计切实应用到医院财务管理的实际工作中。医院要制定健全的内部财务会计人员的培训制度，一方面，加强对财务会计人员道德素质的培训，使财务会计人员具有一定的责任意识，明确医院的目标与个人工作目标是息息相关的；另一方面，还加强财务会计人员业务能力的培训，通过一定的方式对会计人员进行定期培训，增加会计人员的管理会计专业知识，提高职业技能，培养高素质多技能的专业人才，有效解决医院会计人员职业素质偏低的现状，这样才能促进医院管理会计的发展，为医院实现管理会计的应用打下坚实的基础。

第三，融合医院财务会计和管理会计两种职能体系。我国卫生事业改革的不断发展，以及医院财务会计制度的实施为医院运用现代管理会计奠定了良好的基础条件，是医院实现精细化高效管理的基本保证。因此，医院管理者应该在医院内部建立管理会计体系，实现管理会计与财务会计并轨且联网运行的管理模式，按照企业管理会计的手段方法，将医院管理企业化，建立成本状态与分类、收支平衡分析、标准成本法等基本概念和方法体系，建立医院管理经营决策、投资决策、预算控制、存货控制、责任会计与绩效评价等制度。从而在医院建立管理会计与财务会计相结合的管理模式，为医院的经营管理提供更好的服务。

第四，开发管理会计软件，使管理会计实现会计电算化。管理会计一般都要运用比较复杂的分析计算方法。运用专业的会计软件既可以保证管理会计工作中计算上的准确性，又减少了会计人员繁重的工作量；同时，还可以使医院的会计人员能够为医院的管理者及时准确地提供一些财务预算与决策等方面的数据信息，从而为医院管理者提供具体的经营财务数据。可见，管理会计的专业软件是有效发挥医院管理会计的物质基础，也是现代化医院的发展趋势，所以，医院也要创新思想，紧跟时代的步伐，引进开发先进的管理会计软件，提高医院的财务管理水平。

总而言之，在竞争日益激烈的市场经济体制下，医院的生存发展主要取决于医院的经营效益以及规模大小。而在这其中，管理会计则可以很好地对医院所有财务信息进行综合利用，快速有效地进行收集、分析、甄别、筛选，从而保证信息数据的真实可靠、准确无误，为医院的生存发展提供切实可行的方案。所以，医院管理者必须转变思想，加强对管理会计的认识，立足于医院实际情况，对管理会计在医院财务管理中的问题，及时采取必要的措施，保证管理会计在财务管理中的有效应用，提高医院的财务管理水平，保证医院健康、稳定地发展。

第五节　企业管理会计在高校财务管理中的应用

管理会计以信息系统为运行基础，以企业管理当局为服务对象，对企业经济活动进行管理。从发展上看，其前身是成本会计，建立在“标准成本”与“预算控制”的理论上，同时，还引入了“差异分析”及“本量利分析”的方法；从内容上看，管理会计由财务会计、财务管理和成本会计等相关内容组成。

西方管理会计经过多年的研究发展，形成了三种重要趋势：注重对长期本量利分析法的运用；作业成本管理体系得以确立；管理会计职业化和专业化步伐加快。改革开放几十年来，我国在管理会计研究方面取得了重大成果，但与完善的财务会计的研究和应用相比，管理会计的理论和实践体系还不够成熟，有待进一步发展。学术研究方面应该将管理会计的理论研究推向更深远和更广博的方向；实践应用方面应将管理会计理论运用到企业中，结合财务会计知识，更好地为企业管理服务。总之，将学术理论和实践应用相结合，推动中国的管理会计进入一个更高的境界。

一、管理会计在高校财务管理中应用的必要性分析

当今企业的财务部门，有三分之二的时间用于财务业务的核算，三分之一的时间用于财务管理。高校过去采用的传统会计核算形式已经不能满足当前日益发展的市场经济环境的需求，应以改革促进高校财务体制的发展。管理会计在高校财务管理中的运用还不够成熟，处于初级阶段，应将管理会计引入高校，从而对高校资源进行优化配置，提高资金使用效率，规范会计核算程序和财务管理。将管理会计引入高校，可以发挥以下作用：

第一，有利于完善高校的会计管理，增强核心竞争力。管理会计和财务会计是不可分离、相辅相成的，将二者有效结合可以提高高校经营管理水平。财务会计是对外报告会计，主要向企业外部利益相关者提供信息；管理会计是对内报告会计，主要为企业内部各管理层提供相关信息，为其做出有效经营决策提供依据。对高校来说，管理会计对评价高校内部管理和提供外部信息都是非常重要的。高校在会计核算完成之后，可以运用管理会计提供的相关指标，衡量其经济效益和社会效益的实现程度，可以为管理者做出决策提供有效的财务信息，实现高校的财务管理和控制规划。管理会计可以帮助高校合理引进各种教学设备，更新、兴建固定资产，调动师生的积极性，提高学校的科研水平，保障学生的就业率，进而提高学校的知名度，吸引优质生源，形成良性循环。

第二，有利于高校的管理和决策。随着社会经济的快速发展，高等教育的竞争越来越

激烈，高校亟须改革，走转型发展道路。高校的财务人员不仅要对经济业务进行会计核算，还应对未来发展提供准确的预算和有效的经济规划。管理会计结合之前的计划成本资料和实际成本资料，运用科学的管理会计方法，分析教育成本和学生人数之间的关系，将成本细化，为编制预算提供科学的依据，以提高高校办学质量，加速高校的发展。另外，管理会计在引进科研技术、利用外资、更新或购置教学和实验设备等方面也可以进行有效的经济评价，推动高校健康快速发展。

第三，管理会计为高校财务保驾护航。管理会计在企业运营中发挥了重要作用，做好财务会计可以节约企业财务成本，为企业开拓市场等提供很好的资金支持。高校是一种特殊的企业，同样需要资金，需要适当扩大规模，随着社会经济的不断发展，高校的办学形式多样化、筹资渠道多元化，学校与其他学校、与企业之间在研究项目、科研成本、管理费用等方面均有竞争。因此，有必要在高校推广管理会计，帮助高校节约成本、避免财务风险，为高校的发展保驾护航。

第四，有利于学校领导对下属的考核。管理会计可以对整个学校的经营环节进行监控，同时，将高校管理的预算、成本进行比较、分析、评价，建立起完善的控制系统，监控财务核算和分析的全过程。因此，管理会计可以对整个教学过程和收入、支出、成本、利润等各方面进行分析、考核、评价，为学校管理层决策提供有效信息，加强学校管理层对各部门的监督和控制。

二、管理会计在高校财务管理中的具体应用

（一）在高校投资决策中的应用

随着社会经济的发展，我国的高等教育已处于加速发展时期，很多高校正在努力扩大办学规模，因此对投资有较大需求。高校财务管理的核心内容是提高资金使用率，规避投资风险，降低投资成本。投资决策中包含两个重要因素：一是货币的时间价值；二是投资的风险价值。资金具有时间价值，同样的资金在不同的时点上具有不同的价值。因此，计算资金价值时，应将货币时间因素考虑在内，将不同时间的资金按照统一时间进行折算，这样比较才更科学。高校可以将货币时间价值和投资的风险价值运用到管理会计中，以便更好地进行决策分析，同时充分考虑风险和报酬，运用概率分析权衡二者关系。以净现金流量、投资回收期、内含报酬率等为评价指标评价投资项目和经营业绩，采用多元化投资策略，合理配置资金资源，优化投资组合，达到分散投资风险、提高投资效益的目的。

一般来说，投资项目的风险大、周期长、环节多，涉及多方面的因素，一旦决策失误，就会严重影响高校的财务状况和现金流量。因此，项目投资应该在调查研究后，按照

管理会计中的科学投资决策程序进行分析以确保决策的科学有效。具体来说，高校投资项目的提出是根据其长远发展战略和投资环境的变化，在把握良好的投资机会的情况下提出的，可以由高校的高层管理人员结合本校的长远战略提出，也可以由相关部门领导根据学校的现状提出战术性的投资；投资项目的评价主要由高校相关部门和财务部门协同完成；投资项目的决策则由学校高层领导或是相关部门领导制定；项目投资经商讨同意实行后，财务部门应积极筹集资金开始实施，在项目实施过程中要严格考核控制工程进度、施工成本、工程质量等，使投资按预算保质保量完成；投资项目实施过程中一方面要遵循既定的方针、程序，另一方面应对原来的投资决策和实施计划进行评价，并且根据变化的情况做出合理、适当的更改，保证投资项目完整有序进行。

（二）在高校预算管理中的应用

目前，我国高校预算管理存在以下一些问题：第一，没有树立预算管理意识，国家财政拨款是我国高等学校资金的主要来源，学校获得财政支持后无偿使用这些资金，这样导致部分高校使用资金时不能将资金合理有效地统筹安排，缺乏成本管理意识，资金的使用效率不高，预算管理及监督机制还不健全，高校预算管理的作用不能有效发挥；第二，预算编制方法不科学，预算编制的内容不全面，编制程序缺乏科学性、客观性，对优化预算起不到应有的作用；第三，没有强有力的预算执行约束力，很多高校缺乏预算激励机制，使用过程中节约预算经费的没有得到奖励，预算经费不足的又给予追加，预算执行过程中随意性较大，对资金的使用缺乏有效的约束力；第四，没有健全、完善的预算绩效评价体系，很多高校的预算将关注点放在资金的投入上，没有重视资金的使用效率，也未对资金的使用结果进行后续评价，没有建立对资金投入的投资状况和使用绩效的监督和考核机制。

高校财务预算由收入预算和支出预算两部分组成。收入预算是指年度内高校在教学、科研及其他活动中通过各种形式和渠道取得的非偿还性资金的计划，具体包括财政补助收入、教育事业收入、经营收入；支出预算是指年度内高校在教学、科研及其他活动中支出资金的计划，具体包括经营支出、基本建设支出、事业支出和对附属单位补助支出预算。这就要求我们加强高校的预算控制与管理，合理筹集、分配和使用资金，提高资金的使用效率。因此，我们应运用管理会计相关知识、指标和方法对高校预算进行管理，促进高校教育事业健康稳定向前发展。

市场经济日益发展，高校教育体制改革不断深化，管理会计要求全面预算的编制和实施更加科学规范。预算管理需要通过科学的编制方法来实现，编制预算时应以年度计划、学校的整体发展规划为内容，结合相关的预算编制原则，采用零基预算和绩效预算两种预算编制方法。无论采用哪种方法，都必须建立在认真仔细分析上年度收入预算和支出预算的完成情况之上，通过分析预算和实际的数据资料，总结经验，找出差距，为下一年度财务预算打下可靠的基础。做预算时应及时将学校的收入和支出项目纳入预算中，以学校的实际发展情况为依据，对各院系和部门的资金分配、资源配置、重点建设项目投资、成本费用支出的标准和相关规定等，要利用科学的方法对其加以论证，力争做到公平、公正、客观、透明，科学合理分配资金，避免资金浪费。建立清晰明了的预算机制，规范资金收入和支出，使预算更加准确。总之，要制订切实可行的计划，执行预算时要严格，而且应将执行过程中可能遇到的变化因素考虑到，留有使用资金的空间，避免资金周转困难。预算管理具有前瞻性和系统性，做好预算管理不是学校财务处一个部门可以做到的，而是需要全校各个部门和院系相互协调、共同参与、通力配合，将资源优化配置。

（三）战略管理会计在高校的应用

战略管理会计是将管理会计与战略管理相结合应运而生的，它扩展了管理会计核算运用的范围，注重市场竞争，用战略性眼光看待市场、产品信息、企业内部信息，分析企业行业状况，是为企业战略管理服务的会计。如果将战略管理会计应用于高校将会给现有的高校财务管理带来很多新鲜血液：

第一，能突破单一会计主体的限制，注重高校外部环境和竞争对手。战略管理会计站在企业整体的高度审视企业外部环境，关注外部情况，为高校提供超越自身财务会计内容的信息，这些信息更为广泛，对高校制定财务方针、优化资金配置具有重要意义。

第二，能提高会计信息的准确性、及时性和相关性，为高校提供更多有助于高校积极正确经营的非财务信息，使管理会计真正从财务会计中分离出来。在如今竞争激烈的环境下，许多非财务信息对高校的长远发展起着至关重要的作用，如就业率、用人单位对本校毕业生的满意度、用人单位对学生的要求等，都会影响学校的生源质量，而生源质量会在很大程度上决定高校的未来发展是否顺利。

第三，更加注重人力资源的应用。传统财务会计的主要研究对象是各种实物，如直接材料和直接人工的计价，对管理实物的主体“人”却很少涉及。而这一点在高校的教师管理中尤为重要，比如如何培养优秀教师、如何留住内部优秀教师、如何吸引外部优秀的教师以及管理人员加入学校的教职工队伍，这些对高校发展的重要作用不言而喻。战略管理会计在管理会计人员的职能范围内增加了新的内容，在财务会计和战略管理领域发挥了更重要的作用，同时，也接受着前所未有的挑战。

三、在高校推广应用管理会计的途径探索

（一）在高校财务管理部门设立管理会计信息系统，为管理会计在高校中的应用奠定技术基础。管理会计的产生为企业经营管理者提供了有价值的决策信息，满足了企业内部经营者的需求，促进了企业发展。管理会计以相关的数学分析方法为基础，借助数学模型和相关公式，对财务信息进行规划、预测、决策、控制和评价，这是通过以前的手工计算难以实现的。因此，高校应加强会计信息化业务知识学习，将信息化引入管理会计，建立高校管理会计信息系统，提高高校会计业务核算质量和管理水平。

（二）转变高校领导观念，提高会计人员素质，建立专业的管理会计人员队伍。我国高校目前普遍存在一些不良现象，使管理会计在高校中的推广应用受阻，如领导者理念观念落后，管理会计人员业务水平较低、专业知识不扎实等。改变这种状态，首先，高校领导要学习先进理念，转变财务管理模式，使用正确管理方法，加强会计专业学习，树立创新意识，带领财务人员积极投身于财务决策中；其次，将理论与实践结合起来，鼓励创新，塑造一支业务扎实、灵活性强、观念新的高校财务管理队伍，促进高校财务管理事业的发展；最后，财务人员的主要职责是对发生的经济业务进行会计处理，属于“报账型”会计，今后应站在整体的高度，重视对事前的预测决策进行分析，向“管理型”会计转变，将管理会计的相关理论知识运用到实践中，优化资金配置，提高资金使用效率，提高业务水平和管理水平。同时，管理会计人员在工作时，应坚持客观公正、廉洁自律、提高技能、保守秘密四项基本职业道德标准。

（三）完善管理会计理论，使其适用于我国高校管理会计的实践。我国管理会计现存理论体系形成于20世纪中期，随着经济社会的发展，管理会计不断在实践中加以运用，但其先进性和实践性方面明显不足。要使管理会计更好地应用于高校，应从高校的实际情况出发，注重其理论的科学性和可行性，对现有的管理会计理论进行必要的补充和修订，完善现有管理会计理论，并深入研究高校管理会计相关理论，形成一套具有高校特点的、适合高校发展的管理会计理论。同时，提高广大教职工的积极性，使其投身到管理会计的实践之中，推进管理会计在高校的深入发展。

（四）协调好管理会计与财务会计的关系，及时总结应用经验，使之与高校的会计实践相适应。管理会计的许多信息来自财务会计的有关报告，可以说是财务会计的再加工。因此，在高校财务管理过程中要将二者兼顾，逐步加强管理会计的运用，而不应只注重财务会计。同时，高校应将经过实践检验的成功经验进行归纳总结，在财务部门及相关部门的指导推动下，发挥管理会计在高校中的财务管理作用。我国管理会计理论最早来源于西方，借鉴西方先进思想的同时应结合我国国情和高校财务管理的实际情况，形成一套与高

校发展相适应的管理会计理论。因此，要通过对具体案例进行分析增加实践经验，使管理会计理论在高校的实践中不断发展和完善，推广和应用高效、实用的方法，提高办事效率。

总而言之，我国高校财务会计理论与实务工作者应共同努力，促进管理会计在高校不断完善。建立满足中国高等教育需要的会计核算方法体系，需要我们根据现状和变化的环境研究管理会计并将其理论在实践中不断丰富。目前，管理会计受到内部、外部多种因素制约，在高校尚未广泛推广和应用，社会各界人士应齐心协力、共同努力，加强管理会计理论研究，并在实践中广泛应用，建立适合于高校发展的财务管理体制，提高财务管理水平，促进高校全面发展。

参考文献

[1] 陈文洁. 管理会计在工业制造企业中的应用探讨［J］. 会计师，2019（24）：41-42.

[2] 丛梦，王满. 基于业财融合的管理会计应用与启示［J］. 财务与会计，2019（07）：16-19.

[3] 邓春贵. 财务管理与审计核算［M］. 北京：经济日报出版社，2019.

[4] 杜俊萍. 论管理会计在高校财务管理中的应用［J］. 会计之友，2014（26）：113-117.

[5] 冯巧根. 对管理会计基本指引、应用指引的解读［J］. 财会月刊，2019（01）：7-14.

[6] 冯巧根. 管理会计的变迁管理与创新探索［J］. 会计研究，2015（10）：30-36+96.

[7] 高斌，史慧敏. 财务管理环境变化对现代财务管理的影响研究［J］. 中小企业管理与科技（中旬刊），2018（02）：67-68.

[8] 郭永清. 管理会计实践［M］. 北京：机械工业出版社，2018.

[9] 韩沚清，韩瑞雪. 我国环境管理会计研究综述［J］. 财会月刊，2018（21）：119-126.

[10] 贺艳. 浅谈管理会计在国有企业财务管理中的应用［J］. 财会学习，2018（07）：58-59.

[11] 胡国强，贾剑锋，李淑花. 作业成本制对传统成本管理会计的影响［J］. 四川会计，2001（06）：10-12.

[12] 胡玉明. 管理会计研究［M］. 北京：机械工业出版社，2007.

[13] 黄曼远. 浅析管理会计与财务会计的融合［D］. 北京：财政部财政科学研究所，2014.

[14] 颉茂华，刘艳霞. 行为管理会计内容框架体系的构建［J］. 财务与会计（理财版），2012（07）：65-67.

[15] 金冰树. 管理会计视角下高校财务管理转型研究［J］. 中国管理信息化，2019，22（06）：23-24.

[16] 李天民. 管理会计学［M］. 北京：中央广播电视大学出版社，1984.

[17] 连小军. 行为科学理论与管理会计的融合［J］. 现代商业，2017（06）：135-136.

[18] 梁毕明，吴卓琪. 中国管理会计改革发展四十年：回顾与展望［J］. 财会月刊，2018（21）：12-17.

[19] 刘芳. 管理会计与财务会计在财务管理中的运用研究［J］. 中国管理信息化，2019，22（06）：20-22.

[20] 刘丽，易爱军，商思争，等. 论高校财务管理转型过程中管理会计的应用及完善［J］. 淮海工学院学报（人文社会科学版），2019，17（06）：90-93.

[21] 刘丽，易爱军，商思争，等. 我国高校管理会计应用研究综述［J］. 淮海工学院学报（人文社会科学版），2019，17（05）：88-92.

[22] 刘楠. 管理会计在建筑企业财务管理中的应用探讨［J］. 财经界，2020（28）：162-163.

[23] 刘涛平. 基于企业财务管理环境的财务战略管理规划［J］. 财会学习，2016（08）：26-27.

[24] 卢家仪. 财务管理［M］. 北京：清华大学出版社，2010.

[25] 鹿敏. 作业成本会计导向下成本管理体系构建［J］. 商业经济，2015（11）：39-40.

[26] 伦宗健，付秋颖. 管理会计在高校财务管理中的应用［J］. 会计之友，2016（13）：70-72.

[27] 孟焰，孙健，卢闯，等. 中国管理会计研究述评与展望［J］. 会计研究，2014（09）：3-12+96.

[28] 牟丽. 管理会计与财务会计在财务管理中的运用探讨［J］. 中国市场，2019（29）：142-143.

[29] 潘飞，潘莹练. 环境管理会计指标探讨［J］. 会计之友，2015（14）：20-24.

[30] 潘珺. 管理会计在医院财务管理中的应用探讨［J］. 会计师，2014（24）：48-49.

[31] 史晓燕. 浅谈我国企业财务管理环境的发展趋势［J］. 天津市财贸管理干部学院学报，2010，12（02）：31-33.

[32] 孙茂竹. 管理会计学［M］. 北京：中国人民大学出版社，2018.

[33] 汪家佑. 管理会计［M］. 北京：经济科学出版社，1987：1.

[34] 王李明. 管理会计在建筑施工企业财务管理中的应用探讨［J］. 财会学习，2019（28）：26+28.

[35] 王彤. 财务共享服务模式下的管理会计信息化研究［D］. 哈尔滨：哈尔滨商业大学，2019.

[36] 魏佳妮，宋云雁. 对企业财务管理环境问题的研究［J］. 纳税，2018（01）：38-39.

[37] 温坤. 管理会计学 [M]. 北京：中国人民大学出版社，1989.

[38] 吴治国. 管理会计在国有企业财务管理中的应用 [J]. 财会学习，2020 (31)：114-115.

[39] 肖序，熊菲. 环境管理会计的 PDCA 循环研究 [J]. 会计研究，2015 (04)：62-69+96.

[40] 杨忠智. 财务管理 [M]. 厦门：厦门大学出版社，2015.

[41] 姚华建. 论人工智能时代财务会计向管理会计的转型 [J]. 现代商贸工业，2019，40 (19)：95-96.

[42] 叶江丽. 成本管理会计创新分析 [J]. 中国储运，2021 (10)：136-137.

[43] 张盛勇，许楠. 企业财务管理创新影响因素研究 [J]. 财经问题研究，2016 (03)：104-110.

[44] 赵栓文，屈晓丹. 财务共享服务下的管理会计信息化策略探讨 [J]. 财会月刊，2018 (11)：40-45.

[45] 周启宏. 管理会计与财务会计在企业财务管理中的应用 [J]. 财经问题研究，2014 (S2)：71-72.

[46] 朱红勇. 对以作业成本为基础的成本管理会计体系的构想 [J]. 中小企业管理与科技（上旬刊），2017 (07)：79-80.